오픈, 홈카페

솜솜이(박성미)

아이스 음료 레시피를 담은 첫 번째 책 《하루하루, 홈카페》 출간 이후 음료와 함께 즐길 수 있는 디저트를 만들기 시작했다.
수차례 시행착오를 거쳐 집에서도 쉽고 근사하게 홈카페 디저트를 만들 수 있는 자신만의 레시피를 정리했다.
주로 인스타그램으로 소통하며 최근에는 홈베이킹 영상과 사진을 업로드하고 있다.
디저트를 플레이팅할 때 함께 매치하기 좋은 홈카페용품을 판매하는 리빙숍 솜키스트를 운영 중이다.

인스타그램 @som_e92 @som_kist

Open, Home Cafe
오픈, 홈카페

맛있는 디저트와 식사 레시피

솜솜이(박성미) 지음

taste BOOKS

Welcome Open, Home Cafe

CONTENTS

LESSON

시작 전

재료 알아보기

도구 알아보기

기본 빵 배우기

케이크 스타일링

PART 1

담백한 식사빵

PART 2

카페 브런치

PART 3

달콤한 디저트

PART 4

재미있는 메뉴

PROLOGUE

홈카페를 열기 전에

여느 일상처럼 집에서 홈카페를 꾸미고 커피를 마시다가, 문득 '디저트에 한번 도전해볼까?' 하는 생각이 들었습니다. 음료만으로는 조금 부족한 것 같았거든요.
처음으로 만들어본 디저트는 어렵지 않을 것 같은 크레이프케이크였어요. 반죽을 얇게 부치고 크림을 바르는 과정이 생각보다 손이 많이 갔어요. 디저트에는 많은 정성이 필요하다는 걸 알게 되었죠. 이후 가정용 오븐을 구입해 구움 과자부터 만들기 시작했습니다. 빵 반죽을 만들고 발효하는 것보다는 간단해 보였지만 구움 과자도 휴지라는 시간이 필요하더군요. 앙금이 든 과자류처럼 갓 구운 빵도 맛있지만 숙성할수록 맛이 더 깊어지는 파운드케이크를 만들면서 홈베이킹에 재미를 느꼈습니다.

디저트를 만들다 보니 어울리는 음료를 고민하고, 또 디저트를 만들고…. 어느새 인기 카페가 부럽지 않은 홈카페가 완성됐습니다. 외출을 즐기던 사람이었는데 집에서 만들고 즐기는 기쁨을 알게 되었습니다. 단 음식을 그다지 좋아하지 않는다고 생각했었는데 이제는 커피와 디저트를 하루라도 안 먹으면 허전할 정도로 자연스러워졌어요.

《하루하루, 홈카페》에서 아이스 음료 레시피를 소개하며 저의 음료 노하우를 담았다면 《오픈, 홈카페》에서는 다양한 시도가 담긴 저만의 디저트와 간단한 식사 메뉴를 소개합니다.

매일 아침에 일어나면 '오늘은 뭘 만들까?' 행복한 고민을 하고, 때로는 새로운 메뉴에 도전하고 완성도와 맛이 떨어지는 부분은 계속 고민하고 연습하며 레시피를 만들었습니다. 물론 맛이라는 건 입맛에 따라 다르게 느낄 수밖에 없죠. 하지만 저의 디저트를 맛보고 누구나 "맛있다"라고 말할 수 있는 메뉴를 만들고 싶어서 다양한 시도를 했습니다. 그리고 그 결과를 《오픈, 홈카페》에 담았습니다. 이 책을 읽는 독자분들도 쉽게, 그리고 맛있게 디저트를 즐기며 나만의 홈카페를 오픈해보세요.

LESSON
시작 전

홈카페를 시작하기 위해서는 몇 가지 준비가 필요합니다.
자주 사용하는 재료, 편하게 쓸 수 있는 도구,
그리고 기본적인 디저트 스타일링에 대해 알아두면 좋아요.
처음부터 많은 재료와 도구를 구매하지 말고
메뉴를 하나씩 만들면서 자신에게 맞는, 꼭 필요한 도구를 찾아보세요.
그래야 더 오랫동안 질리지 않고 홈카페를 즐길 수 있습니다.

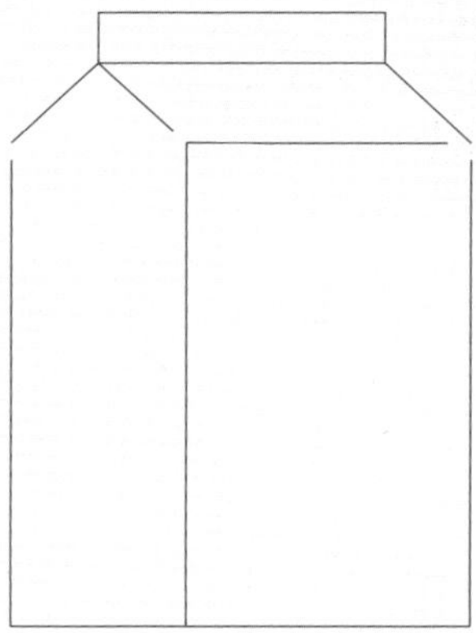

재료 알아보기

맛있는 디저트를 만들기 위한 기본은 정확한 계량이지만 그에 못지않은 것이 레시피에 알맞은 재료예요. 기본 재료인 밀가루, 소금, 설탕, 이스트, 베이킹파우더 외에 취향에 맞는 가루류와 장식만 있으면 자신만의 독창적인 디저트나 카페에서 봤던 매력적인 디저트를 만들 수 있어요. 재료를 이해한다면 어떤 디저트를 만들더라도 어렵지 않을 거예요.

기본 재료

Main Ingredient

집에 있는 시간이 늘어나고 외출이 어려운 요즘, 많은 사람들이 집에서 음료와 디저트를 만드는 즐거움을 찾고 있습니다. 맛있는 레시피도 중요하지만 재료의 유통기한, 보관 방법, 특징을 알아두면 언제든 집에서도 갓 구운 빵을 만들 수 있죠. 재료는 밀폐 용기에 보관해 신선도를 유지하는 것이 좋습니다.

강력분 ♦ 단백질 함량이 11~13%로 가장 높다. 물과 섞으면 끈기가 생겨 발효빵을 만들기 좋다. 빵, 피자도우 등 딱딱한 빵을 만들 때 사용한다. 밀폐 용기에 넣어 가을, 겨울에는 서늘하고 건조한 곳에 보관하고 습도가 높은 여름에는 냉장 보관한다.

중력분 ♦ 8~10%로 중간 정도의 단백질을 함유하고 있어 다목적으로 사용할 수 있다. 수제비, 면 종류를 만들 때 사용하며 박력분 대신 쓸 수도 있다. 밀폐 용기에 넣어 서늘하고 건조한 곳에 보관하고 습도가 높은 여름에는 냉장 보관한다.

박력분 ♦ 단백질 함량이 6~8%로 낮아서 제과용으로 사용한다. 부드럽고 폭신한 머핀, 케이크, 바삭한 쿠키 등을 만들 수 있다. 밀폐 용기에 넣어 서늘하고 건조한 곳에 보관하고 습도가 높은 여름에는 냉장 보관한다.

드라이이스트 ♦ 빵을 부풀리는 재료로 생이스트를 건조시킨 것이다. 수분 함량이 적어 생이스트에 비해 저장하기 좋다. 저당용은 바게트나 베이글 등 담백하고 딱딱한 빵을 만들 때 사용하고 고당용은 기본 재료 외 부재료를 배합한 빵이나 식빵, 크루아상 등 부드럽고 푹신한 빵을 만들 때 사용한다. 개봉한 뒤 실온 보관한다면 3일 이내에 사용해야 하므로 냉동 보관하는 것이 좋다.

설탕 ♦ 사탕수수로 만든 당분으로 단맛과 향을 낸다. 주로 백설탕을 사용하며 입자가 고운 설탕이 빵을 부드럽게 만든다. 흑설탕, 브라운슈거, 머스코바도 등 다양한 종류가 있다. 설탕을 곱게 갈아 옥수수전분을 첨가하면 슈거파우더가 된다. 밀폐 용기에 담아 상온에 보관한다.

강력분
드라이이스트
저당용
드라이이스트
고당용
베이킹파우더
중력분
동물성 생크림
버터
박력분
소금
식물성 휘핑크림
설탕
달걀
우유

소금 ♦ 염화나트륨이 주성분이며 이스트의 활동을 늦춰주고 빵에 풍미를 더한다. 입자가 굵은 소금은 잘 녹지 않고 덩어리가 씹힐 수 있으니 입자가 고운 소금을 사용하는 것이 좋다. 밀폐 용기에 담아 상온에서 보관한다.

달걀 ♦ 수분이 많은 재료라 빵을 만들 때 넣으면 촉촉하고 부드럽게 만들 수 있고 보기 좋은 색을 낼 수 있다. 달걀은 뾰족한 부분이 바닥에 오도록 세워서 보관한다.

우유 ♦ 수분 보유력이 있어 노화를 지연시키고 습도를 유지해 빵을 부드럽고 촉촉하게 만든다. 우유를 냉장고 문 선반에 보관하면 열고 닫을 때 온도의 영향을 많이 받으므로 채소칸에 넣는 게 좋다.

동물성 생크림 ♦ 젖소에서 짠 생우유를 분리해 유지방을 농축시킨 것이다. 디저트를 만들 때는 유지방 35~38% 함량을 사용한다. 맛이 진하고 부드러운 것이 특징이다. 유통기한이 짧고 작업하기는 어렵지만 풍부한 맛 덕분에 케이크나 요리에 많이 사용한다.

식물성 휘핑크림 ♦ 유지방 대신 식물성 유지를 사용한 크림으로 유화제나 안정제가 들어가 유통기한이 길고 작업하기 편해서 아이싱이나 장식에 사용하기 좋다. 고소한 맛은 생크림보다 덜하다.

버터 ♦ 우유의 유지방을 모아 응고시킨 것으로 유지방이 80% 이상 차지한다. 소금이 첨가된 가염버터와 소금이 첨가되지 않은 무염버터가 있다. 버터를 녹여서 사용하거나 깍둑썰기 해서 사용한다. 디저트를 만들 때는 무염버터를 사용하고 소금으로 염도를 조절하는 것이 좋다. 버터는 사용할 만큼 소분해서 종이포일에 감싼 뒤 밀폐 용기에 넣어 보관한다. 바로 사용할 것은 냉장 보관하고 오래 두고 사용할 것은 냉동 보관하면 필요할 때 편하게 사용할 수 있다.

* 레시피에 무염버터는 버터로, 가염버터는 가염버터로 표기했습니다.

베이킹파우더 ♦ 반죽에 기포를 만들어 부풀리는 역할을 한다. 유통기한이 지난 베이킹파우더를 사용하면 반죽이 부풀지 않을 수 있다. 많은 양을 사용하면 오히려 맛을 해칠 수 있으니 계량에 주의해야 한다. 밀폐 용기에 넣고 습기가 없는 곳에서 상온 보관한다.

부재료

Minor Ingredient

밀가루와 달걀 등 기본 재료로 담백하고 깊은 맛이 있는 빵을 만드는 것도 좋지만 다양한 재료를 넣어 간식용이나 식사용 빵, 디저트를 만드는 것도 재미있습니다. 다양한 재료로 풍부한 맛을 표현할 수 있고 더 완성도 높은 디저트를 만들 수 있죠. 제철 과일, 초콜릿, 꿀 등 구하기 쉬운 재료를 활용해 홈카페 메뉴를 좀 더 늘려보세요.

바닐라빈 ♦ 천연 향료로 반으로 갈라서 칼등으로 긁으면 깔끔하게 사용할 수 있다. 달걀 비린내와 잡냄새를 없애 맛을 더 향상시킨다. 랩으로 개별 포장해서 냉장실 또는 햇빛이 들지 않는 서늘한 곳에 보관한다.

레몬 ♦ 레몬즙을 넣으면 달걀 비린내를 잡을 수 있다. 또한 잼, 청을 만들 때 레몬즙을 뿌리면 조금 더 오래 보관할 수 있다. 껍질을 갈아서 제스트로 사용하거나 얇게 슬라이스해서 장식으로 사용할 수도 있다. 베이킹소다와 굵은 소금을 푼 물에 넣어 세척하고 물기를 완전히 제거한 뒤 지퍼백에 넣어 냉장 보관한다.

바닐라엑스트렉트 ♦ 달걀과 밀가루의 잡내를 잡을 때 사용한다. 슈크림, 케이크, 아이스크림 등 디저트를 만들 때 사용한다.

블루베리리플잼 ♦ 블루베리 과육이 살아 있는 잼으로 일반 잼보다 점성이 낮아 묽은 편이다. 빵 위에 토핑으로 사용한다. 적당량을 소분해 냉장 보관한다.

꿀 ♦ 당분을 함유한 재료로 단맛을 내고 빵을 촉촉하게 만들어준다. 상온에서 보관하고 사용할 때는 꿀뜨개를 이용하는 것이 좋다.

메이플시럽 ♦ 단풍나무 수액에서 채취한 천연 시럽으로 고급스러운 향이 난다. 핫케이크, 와플, 토스트 등에 뿌려 먹으면 은은한 단맛을 낸다. 통풍이 잘되는 곳에 보관한다.

과일잼 ♦ 과일, 설탕, 레몬즙을 넣고 가열한 점성이 있는 잼이다. 딸기, 블루베리, 살구, 사과 등 다양한 과일로 만들 수 있다. 냉장 보관하고 침이 닿지 않은 스푼으로 덜어 먹는 것이 좋다.

과일잼
레몬
칼루아
블루베리리플잼
바닐라빈
바닐라엑스트렉트
꿀
메이플시럽
화이트초콜릿
크림치즈
루비초콜릿
마스카르포네
밀크초콜릿
요거트
다크초콜릿
청크초콜릿칩
뿔 모양 초콜릿칩
PURE
VANILLA EXTRACT
NOBLE
WORKERBEE
HONEY
LEMON

칼루아 ♦ 알코올 도수 20도 정도의 커피술로 디저트에 풍미를 더하기 위해 사용한다. 모카류의 디저트를 만들 때 넣으면 커피 향을 진하게 느낄 수 있다. 서늘한 곳에서 상온 보관하고 유통기한 내 사용한다.

화이트초콜릿 ♦ 카카오버터에 설탕과 우유를 섞어 만든 초콜릿이다. 카카오매스가 들어가지 않아 아이보리색이다. 직사광선을 피하고 통풍이 잘되는 서늘한 곳에 보관한다.

루비초콜릿 ♦ 다크초콜릿, 밀크초콜릿, 화이트초콜릿에 이은 4세대 초콜릿으로 코코아 함량은 34% 이상이며 상큼한 과일 맛과 향이 특징이다. 인공첨가물 없이 본연의 분홍색을 띤다. 직사광선을 피하고 통풍이 잘되는 서늘한 곳에 보관한다.

밀크초콜릿 ♦ 가장 인기 있는 초콜릿으로 유지방분이 들어가 부드럽다. 카카오매스 함유량이 30~40%로 색은 진하지 않다. 직사광선을 피하고 통풍이 잘되는 서늘한 곳에 보관한다.

다크초콜릿 ♦ 우유가 들어가지 않은 초콜릿이다. 카카오 함량이 50% 이상이며 카카오 본연의 맛을 느낄 수 있다. 달콤하고 쌉싸름하면서 진한 맛이 특징이다. 직사광선을 피하고 통풍이 잘되는 서늘한 곳에 보관한다.

청크초콜릿칩/뿔 모양 초콜릿칩 ♦ 초콜릿칩은 모양이 다양하다. 쿠키, 빵, 머핀 등을 만들 때 토핑으로 올리면 초콜릿이 녹지 않고 모양이 유지돼 장식 효과를 줄 수 있다. 또한 식감도 살릴 수 있다.

크림치즈 ♦ 크림으로 만들거나 우유를 섞어 만든 치즈다. 약간의 신맛과 고소한 맛이 있고 무척 부드럽다. 크림치즈를 소분할 때는 손이 많이 닿지 않도록 빠르게 랩을 씌우고 밀폐 용기에 넣어 냉장 보관한 뒤 빨리 먹는 것이 좋다.

마스카르포네 ♦ 티라미수의 주재료로 사용되는 치즈다. 생크림과 버터의 중간 상태로 부드럽고 진하면서도 고소한 맛이 느껴진다. 산미가 적어 디저트를 만들 때 많이 사용한다.

요거트 ♦ 우유가 주성분이며 플레인요거트, 그릭요거트가 있다. 플레인요거트는 향이 첨가되지 않아 치즈케이크, 무스케이크를 만들 때 사용하기 좋다. 사용한 뒤 남은 요거트는 랩을 씌우고 냉동실에 얼려서 보관한다.

기타 재료

Etc Ingredient

디저트의 완성도를 높여주는 재료입니다. 허브는 싱그러운 초록색으로 심심하게 느껴지는 디저트에 포인트를 줍니다. 그 외 파우더는 향과 맛을 더하기도 하고 색을 더하기도 합니다. 또한 견과류는 맛뿐아니라 식감을 살려 줍니다.

로즈메리 ♦ 특유의 향이 강한 허브로 디저트를 장식할 때 사용한다. 앞면은 짙은 녹색에 광택이 있으며 뒷면은 흰색을 띠는 잎을 고르는 것이 좋다. 흐르는 물에 가볍게 씻어서 사용한다.

애플민트 ♦ 특유의 청량감으로 케이크, 초콜릿 등 디저트에 사용한다.

타임 ♦ 백리향이라고 불리기도 하며 가닥이 끊어져 있어 장식용으로 사용하기 좋다. 습기가 없는 상태에서 지퍼백에 넣어두면 1~2주 정도 냉장 보관 가능하다.

슈거파우더 ♦ 설탕과 전분(3~5%)이 함유돼 있다. 잘 뭉치거나 굳지 않아 아이싱이나 장식으로 사용하기 좋고 물에 잘 녹아서 위에 뿌리면 흡수가 잘 된다.

시나몬가루 ♦ 달콤한 맛과 은은한 향, 청량감이 특징이다. 아이스크림을 올려 시럽과 함께 먹는 디저트에 살짝 뿌리면 단맛과 잘 어우러진다.

딸기가루 ♦ 딸기를 동결건조한 뒤 고운 입자로 갈아서 만든 가루로 인공적인 향이 아닌 향긋한 딸기향을 느낄 수 있다. 마카롱, 쿠키 등에 색을 내기 위해 사용한다. 사용한 뒤에는 밀봉해 햇빛이 없는 서늘한 곳에 보관한다.

말차가루 ♦ 쌉싸름한 맛이 매력적인 가루로 녹찻잎을 그대로 갈아서 고운 가루로 만들었다. 차광재배해 빛을 덜 보고 자라 색이 선명하다. 말차가루는 빛을 받으면 색이 변하기 때문에 빛이 없는 곳에 보관한다.

자색고구마가루 ♦ 천연색소로 남빛을 띤 붉은색이다. 쿠키, 식빵, 앙금 등을 만들 때 식용색소 대신 사용하기 좋다.

로즈메리
애플민트
타임
시나몬가루
슈거파우더
딸기가루
코코아가루
자색고구마가루
말차가루
데코펜
가루젤라틴
피칸

코코아가루 ♦ 볶은 카카오를 페이스트 상태로 압착한 뒤 건조·분쇄한 것이다. 카카오버터를 분리했기 때문에 단맛은 없고 쌉싸름한 맛이 강하고 색이 진하다. 디저트를 만들 때 사용하며 초콜릿스프레드를 만들 때도 사용한다.

가루젤라틴 ♦ 젤리, 푸딩, 무스케이크 등을 만들 때 사용한다. 분말은 판젤라틴보다 덩어리지기 쉬우므로 물에 골고루 풀어서 사용하는 것이 좋다. 사용한 뒤에는 밀봉해 실온에 보관한다.

피칸 ♦ 호두와 달리 부드러운 식감과 고소한 맛을 내는 견과류다. 피칸파이에 주로 사용하며 쿠키를 만들 때 넣으면 씹는 식감도 좋고 맛도 풍부해진다. 실온에서 보관하면 건강한 지방산이 산패될 수 있으니 냄새를 흡수하지 못하도록 밀폐 용기에 담아 냉동 보관한다.

데코펜 ♦ 초콜릿, 케이크, 쿠키 등에 바로 장식할 수 있어 편하다. 뜨거운 물에 3~5분 정도 담갔다 사용하면 녹아서 더 편하다.

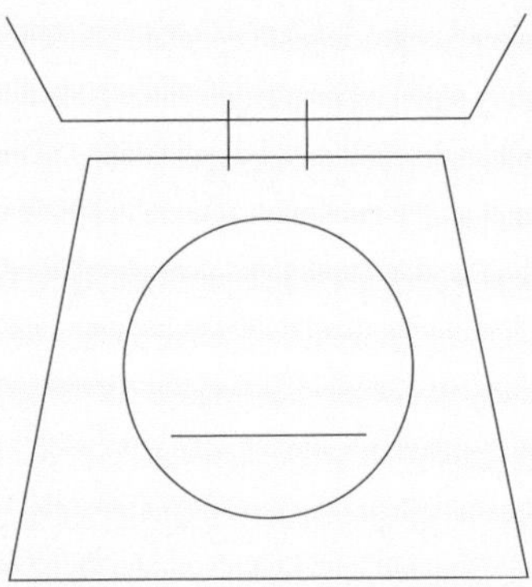

도구 알아보기

머랭을 만들 때나 반죽을 빠르게 저을 때 손으로 하다 보면 힘도 들고 속도도 일정하지 않습니다. 기계를 사용하면 속도도 일정하고 시간도 단축할 수 있죠. 도구는 차근차근 늘려가는 것이 좋습니다. 조금 더 편리하게 디저트를 만들고 완성도를 높이기 위해 용도에 맞는 도구를 하나씩 준비해보세요.

굽는 도구

Baking Tool

빵을 굽기 위해서는 빵 모양을 잡기 위한 틀이 있어야 합니다. 오븐 크기에 맞는 팬과 구움 과자를 굽기 위한 틀, 그리고 다양한 모양의 원형 틀, 정사각형 틀, 타르트 틀 등 전용 틀을 사용하면 보기에도 좋고 더 맛있는 빵을 만들 수 있습니다.

머핀 틀 ♦ 일회용 유산지를 깔고 컵케이크나 머핀, 미니 카스텔라 등을 구울 수 있는 틀이다. 들러붙지 않아 분리하기 쉬운 논스틱코팅 틀과 가볍고 부드러운 재질로 빵 모양 그대로 분리 가능한 실리콘 틀이 있다.

마들렌 틀 ♦ 조개 모양과 부채꼴 모양의 구움 과자를 만들 수 있는 틀이다. 반죽을 팬닝하기 전 이형제나 버터를 발라야 틀에서 분리하기가 쉽다. 고온에서 빠르게 구우면 배꼽이 예쁘게 터진 마들렌을 구울 수 있다.

밤 모양 틀 ♦ 밤 모양을 그대로 본떠 구울 수 있는, 깊이감 있는 틀이다.

원형 틀 1호 ♦ 제누아즈를 구울 때 사용한다. 지름 15cm의 1호 사이즈는 케이크 1호를 만들 수 있다. 2호 사이즈는 18cm, 3호 사이즈는 21cm이다.

구겔호프 틀 ♦ 올록볼록한 원형 모양의 틀로 케이크를 구워 슈거파우더를 뿌리고 장식하면 왕관이 생각나는 구겔호프 케이크를 만들 수 있다. 미니 사이즈의 구겔호프 틀은 더 앙증맞은 디저트를 만들 수 있다.

와플 팬 ♦ 알루미늄 합금과 스테인리스스틸 재질이라 열전도율이 빠르다. 크루아상, 생지, 식빵, 떡 등을 눌러 와플 모양 디저트를 만들 수 있다.

무스링 미니 1호 ♦ 위아래가 뚫려 있는 형태의 원형 틀이다. 무스케이크, 치즈케이크, 양갱 등을 만들 때 사용한다.

타르트 틀 ♦ 바닥면과 분리되는 틀로 파이지를 만들 때 사용한다. 가장자리에 물결 모양으로 주름이 있다.

사각 틀 ♦ 사각형의 제누아즈를 구울 때 사용한다.

식빵 틀
구겔호프 틀
와플 팬
원형 틀
별 모양 쿠키 틀
파운드 틀
사각 틀
타르트 틀
무스링
머핀 틀
마들렌 틀
밤 모양 틀

파운드 틀 ♦ 길쭉한 직육면체의 파운드케이크를 만들 때 사용하는 틀이다. 유산지를 잘라 팬에 깔거나 녹인 버터를 칠한 뒤 사용한다.

식빵 틀 ♦ 뚜껑이 있는 식빵 틀로 윗면을 각지고 깔끔하게 구울 수 있다. 뚜껑이 없는 틀은 발효 시 모양을 예쁘게 잡을 수 있다. 옥수수식빵, 밤식빵, 풀먼식빵 틀이 있다.

별 모양 쿠키 틀 ♦ 반죽을 찍어 별 모양 쿠키를 만드는 틀이다.

케이크 돌림판 ♦ 케이크 시트에 생크림를 바르거나 장식을 할 때 사용하면 더 편하고 깔끔하게 작업할 수 있다.

오븐 ♦ 컨벡션오븐과 광파오븐이 있다. 컨벡션오븐은 가정, 빵집에서 흔히 볼 수 있는 전기를 사용하는 오븐이다. 내부에 열풍을 순환시키는 팬이 있어 빵을 고르게 구울 수 있다. 광파오븐은 가시광선과 원적외선으로 음식을 익힌다. 빵을 굽기 전에 오븐을 충분히 예열하고 적절한 온도일 때 반죽을 넣어야 빵 모양이 잘 나오고 잘 익는다.

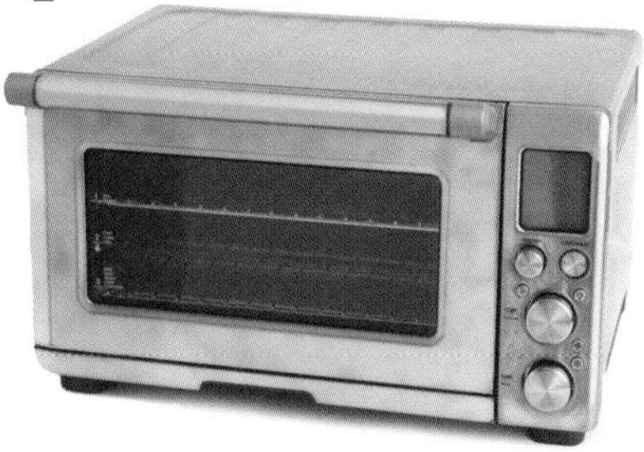

기타 도구

Etc Tool

디저트를 만들 때는 무척 다양한 도구가 필요하며 그 쓰임새 또한 다양합니다. 적당한 도구가 있다면 모양을 내거나 장식을 하고 반죽을 만드는 과정이 더 편해지죠. 먼저 디저트를 하나씩 만들면서 필요한 도구를 차근차근 구입해도 좋습니다. 도구를 잘 활용하면 베이킹이 더욱 즐거워집니다.

믹싱 볼 ♦ 생크림을 만들 때는 깊은 볼을 사용하고 중탕할 때는 손잡이가 있는 볼을 사용하면 편하다. 물코가 있는 볼은 내용물을 옮기거나 반죽을 부을 때 편하다. 묽은 반죽, 달걀물을 준비할 때 사용하면 좋다.

체망 ♦ 가루 재료를 곱게 체 쳐서 사용하면 반죽을 뭉침 없이 만들 수 있다. 밀가루, 가루류를 체 칠 때는 구멍이 촘촘한 체를 사용하고 아몬드가루, 슈거파우더를 체 칠 때는 구멍이 큰 체를 사용한다.

손거품기 ♦ 버터나 달걀을 풀 때, 뭉친 반죽을 부드럽게 풀 때 사용한다. 스테인리스 재질의 단단한 소재를 사용해야 안정적으로 거품을 만들 수 있다.

미니 체망 ♦ 케이크에 장식용 슈거파우더나 초콜릿가루 등을 뿌릴 때 곱게 체 칠 수 있는 도구다.

핸드믹서 ♦ 힘을 들이지 않고 단단한 머랭, 크림을 만들 수 있는 도구다. 1단계부터 15단계까지 속도를 조절하며 농도를 맞출 수 있다. 무게가 무거운 것보다 적당한 무게에 속도를 조절할 수 있는 것이 좋다.

유산지 ♦ 빵을 구울 때 알맞게 재단하여 팬에 까는 부드러운 종이다. 롤지는 파운드케이크, 제누아즈, 롤케이크 시트를 만들 때 크기에 맞게 잘라서 사용할 수 있다.

나무밀대 30cm ♦ 타르트지를 만들거나 쿠키 반죽을 얇게 펼 때, 빵 반죽의 가스를 빼면서 밀 때 사용한다. 가볍고 길이가 긴 밀대를 사용하면 편하다.

피자 서버 ♦ 피자, 파이, 케이크 등을 접시에 옮길 때 사용한다.

일자 스패출러 8인치 ♦ 생크림, 버터크림 등을 아이싱할 때 사용한다. 케이크 옆면과 윗면을 매끈하게 정리할 때 사용하면 편하다. 더 정교한 작업을 할 때는 미니 스패출러를 사용한다.

손거품기
핸드믹서
믹싱 볼
체망
미니 체망
계량스푼
계량컵
쿠프나이프
요리용 붓
일자 스패출러
스크래퍼
피자 서버
나무 밀대
유산지
깍지
머핀컵
저울
체망 트레이
스패출러
(넓은 형)
스패출러
(얇은 형)
온도계

요리용 붓 ♦ 빵에 버터를 바르거나 타르트지 위에 달걀물을 바를 때, 케이크 시트에 시럽을 바를 때 등 액체를 바를 때 사용한다.

계량스푼 ♦ 1Ts는 1큰술, 1ts는 1작은술로 1큰술은 15ml, 1작은술은 5ml로 계량한다. 적은 용량을 잴 때 사용하기 좋다.

계량컵 ♦ 눈금 표시가 있는 계량컵으로 액체 양을 정확하게 측정할 때 사용한다. 50~200ml, 500ml, 1000ml 등 다양한 크기가 있다.

쿠프나이프 ♦ 캉파뉴나 사워도우빵에 칼집을 내는 도구다. 칼날이 톱니로 돼 있어 정교하고 깔끔하게 칼집을 낼 수 있다.

머핀컵 ♦ 머핀 틀에 넣어 머핀을 굽거나 찜케이크, 브라우니를 구울 때 사용한다. 색이 다양해서 반죽에 맞춰 색을 정하면 좋다.

저울 ♦ 가루, 액체 등 정확한 계량이 필요할 때 사용한다. 홈베이킹용의 경우 0.1g~1kg까지 측정 가능한 저울을 선택하면 실용적으로 사용할 수 있다.

깍지 ♦ 케이크에 생크림을 장식하거나 반죽을 팬닝할 때, 머랭쿠키 등을 만들 때 짜주머니에 끼워 사용한다.

스크래퍼 ♦ 반죽을 분할하거나 케이크 시트를 평평하고 깔끔하게 정리할 때 사용한다. 플라스틱 재질이며 가볍고 밀착력이 우수해 반죽을 깔끔하게 정리할 수 있다.

스패출러(넓은 형) ♦ 가루류를 섞을 때 뾰족한 부분을 사용하면 고르게 섞을 수 있다.

스패출러(얇은 형) ♦ 잼이나 재료를 덜 때 사용하기 좋다.

온도계 ♦ 섭씨, 화씨로 변경이 가능한 디지털온도계로 반죽의 온도나 튀김 기름의 온도를 체크할 때 정확한 온도를 확인하기 좋다.

체망 트레이 ♦ 튀긴 재료를 올려두고 기름을 뺄 때 사용하기 좋고, 오븐 사용이 가능한 트레이는 토스터기에 넣어 식빵을 굽는 용도로 사용한다.

LOEWE
Solimon

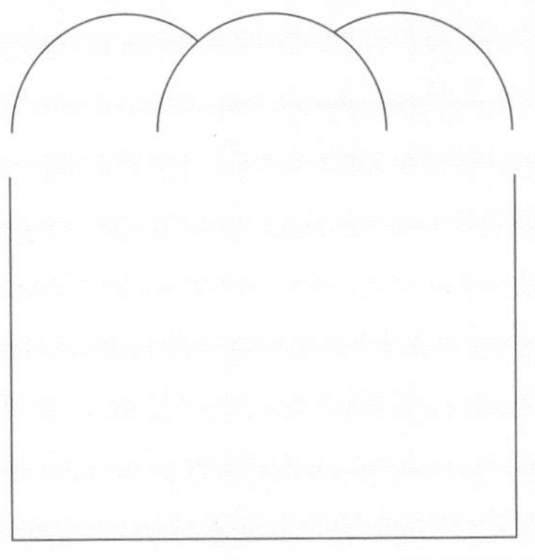

기본 빵 배우기

이 책에서 소개하는 메뉴의 기본이 되는 9가지 빵을 소개합니다. 기본 빵은 생각보다 만들기가 쉽지 않아서 여러 번 만들면서 취향에 맞는 빵을 완성해야 해요. 담백하고 고소해서 그냥 먹어도 맛있는 기본 빵이지만 다양하게 활용하는 것도 무척 즐거운 일이죠.

모닝롤
Morning Roll

담백한 맛으로 간단하게 우유와 먹기 좋은 빵이죠. 잼이나 버터를 발라 먹어도 좋고 달걀, 감자를 마요네즈에 버무려 넣으면 든든한 샌드위치가 됩니다. 다양하게 활용이 가능한 모닝롤을 직접 만들어보세요.

♦ **재료** 8cm 12개 분량

강력분 500g, 우유 300g+5g(코팅용), 달걀 120g, 버터 60g, 설탕 40g, 소금 8g, 드라이이스트(저당용) 6g

*우유, 달걀, 버터는 실온에 둔다.

1 강력분을 체 쳐서 볼에 넣고 홈을 3개 판 뒤 한곳에 드라이이스트를 넣는다.

2 남은 홈에 각각 설탕, 소금을 넣고 잘 섞는다.

3 우유를 붓고 섞는다.

4 달걀을 풀어서 넣고 손으로 반죽을 뭉친다.

5 버터를 넣고 섞는다.

6 반복해서 반죽을 찢고 치댄다.

7 표면이 매끄러워지면 반죽을 둥글게 만든다.

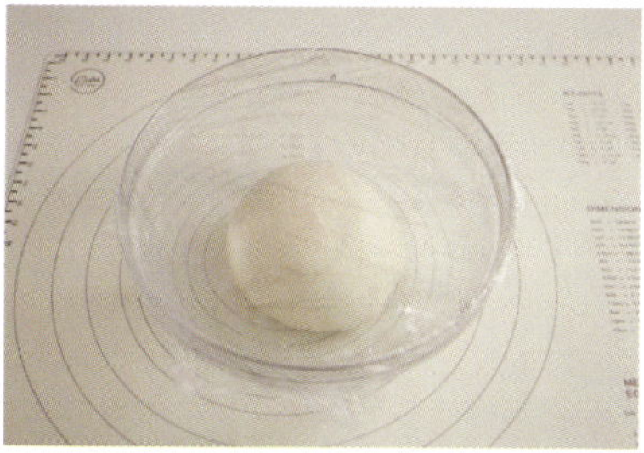

8 볼에 넣어 랩을 씌우고 90분 정도 1차 발효 한다.

9 2배로 부푼 반죽은 살짝 치대 가스를 뺀다.

10 12개 정도로 분할해 둥글게 만들고 바닥 부분 이음매를 꼼꼼하게 마무리한다. 오븐 팬에 유산지를 깔고 반죽을 올린다.

11 40분 정도 2차 발효한다.

12 오븐을 180℃로 예열하고 **11**의 반죽을 넣어 175℃에서 15분 정도 구운 뒤 우유를 살짝 바른다.

잉글리시머핀

English Muffin

잉글리시머핀은 달지 않아 아침 식사로 좋은 빵입니다. 폭신하고 쫄깃하며 햄, 채소, 달걀을 넣으면 가벼운 샌드위치가 되죠. 에그베네딕트를 만들어도 좋고 간단하게 버터와 잼을 발라서 먹어도 간편하고 맛있게 즐길 수 있어요.

♦ **재료** 8cm 타르트링 틀 6개 분량

강력분 250g, 우유 170g, 드라이이스트(저당용) 4g, 설탕 4g, 소금 3g, 옥수수가루(덧가루용) 약간

*우유는 실온에 둔다.

1 우유에 드라이이스트를 넣고 푼다.

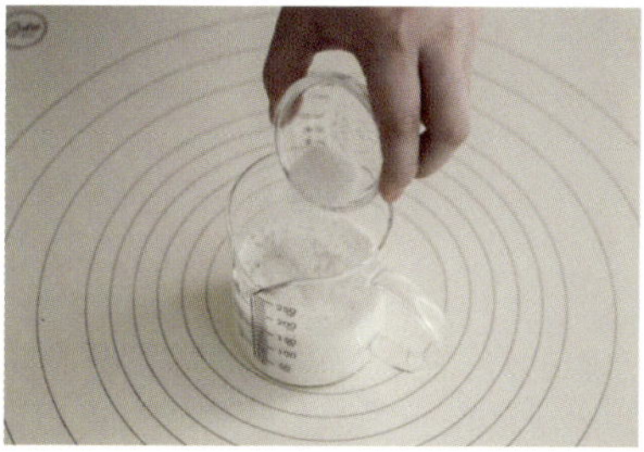

2 설탕을 넣고 섞는다.

3 랩을 씌우고 15분 정도 둔다.

4 강력분과 소금을 체 쳐서 볼에 넣고 3을 붓는다.

5 스패출러로 반죽을 뭉친다.

6 반죽을 작업대로 옮기고 손으로 정리하면서 치댄다.

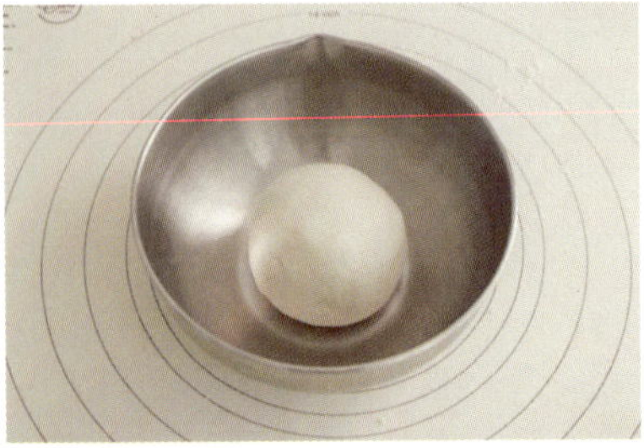

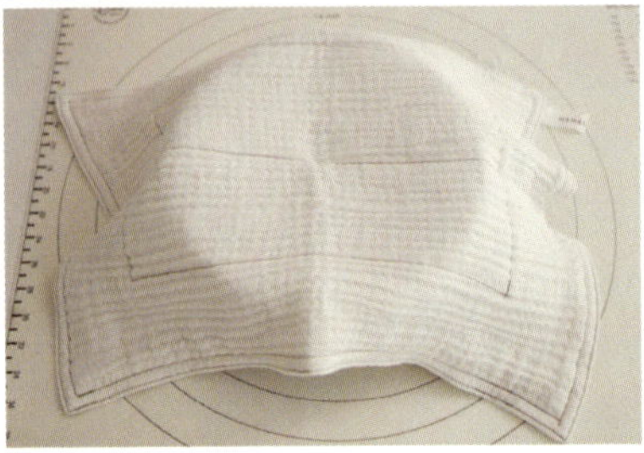

7 매끈해진 반죽을 볼에 넣고 젖은 면포를 덮은 뒤 80분 정도 1차 발효한다.

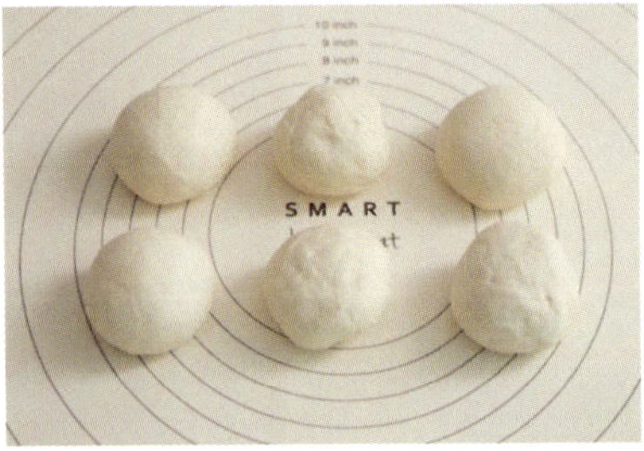

8 2배로 부푼 반죽을 6개로 분할하고 매끄럽고 둥글게 만든 뒤 타르트링 틀에 넣는다.

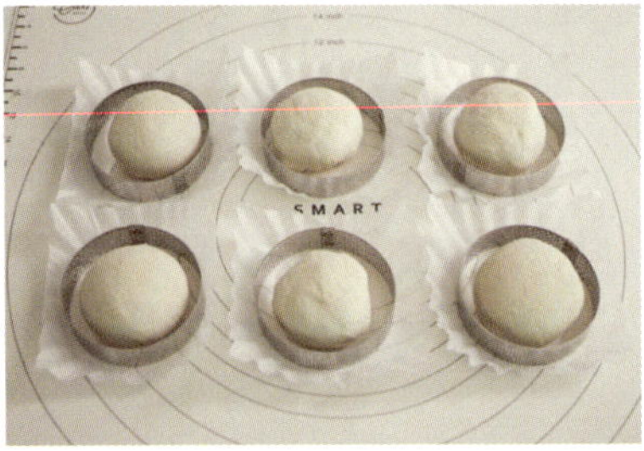

9 옥수수가루를 뿌린다.

10 50분 정도 2차 발효한다.

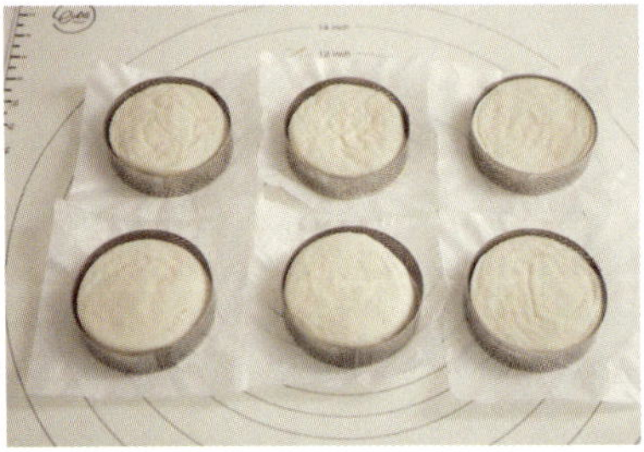

11 발효가 끝난 반죽을 철판으로 누르고 175℃로 예열한 오븐에서 15분 정도 굽는다.

소금빵

Salt Bread

가염버터의 풍미와 짠맛을 함께 느낄 수 있는 빵입니다. 모양은 크루아상과 비슷하지만 반으로 자르면 겹겹이 쌓인 크루아상과 달리 버터가 녹아서 뻥 뚫려 있어요. 그냥 먹어도 맛있는 빵이지만 소시지 등을 넣어 샌드위치를 만들기도 좋아요.

♦ **재료** 9cm 8개 분량

강력분 250g, 우유 150g, 박력분 120g, 달걀 56g, 설탕 37g, 버터 25g, 소금 6g, 드라이이스트(고당용) 6g

토핑

가염버터 80g(10g씩 8개), 플뢰르드셀 10g

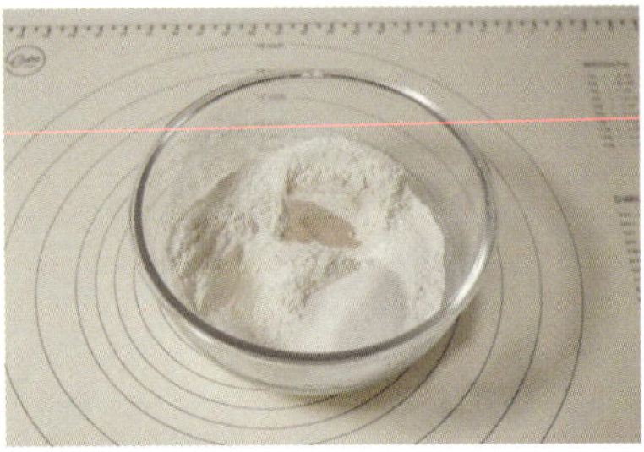

1 강력분과 박력분은 체 쳐서 볼에 담고 홈을 3개 판 뒤 각각 설탕, 소금, 드라이이스트를 넣고 섞는다.

2 우유를 넣고 잘 섞는다.

3 달걀을 풀어서 넣고 잘 섞는다.

4 랩을 씌우고 10분 정도 휴지시킨다.

5 휴지가 끝나면 버터를 넣는다.

6 한덩어리로 뭉쳐지도록 15분 정도 치댄다.

7 반죽을 둥글게 만들고 랩을 씌운다.

8 1.5배 정도 부풀 때까지 60분 정도 1차 발효한다.

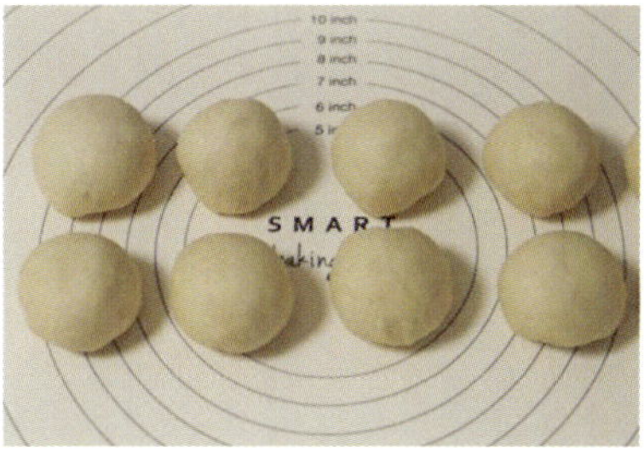

9 반죽을 8개로 분할하고 둥글게 빚는다.

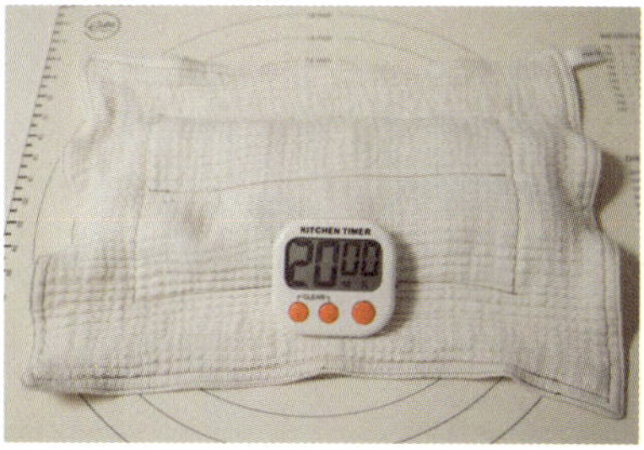

10 젖은 면포를 덮고 20분 정도 중간 발효한다.

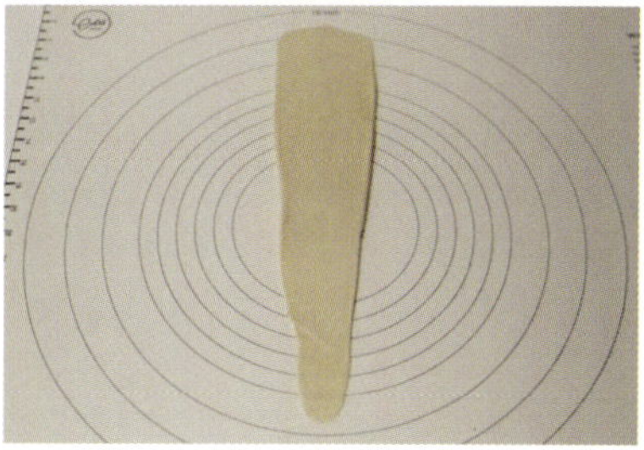

11 반죽을 위에서 아래로 밀면서 위는 좁고 아래는 넓게 편다.

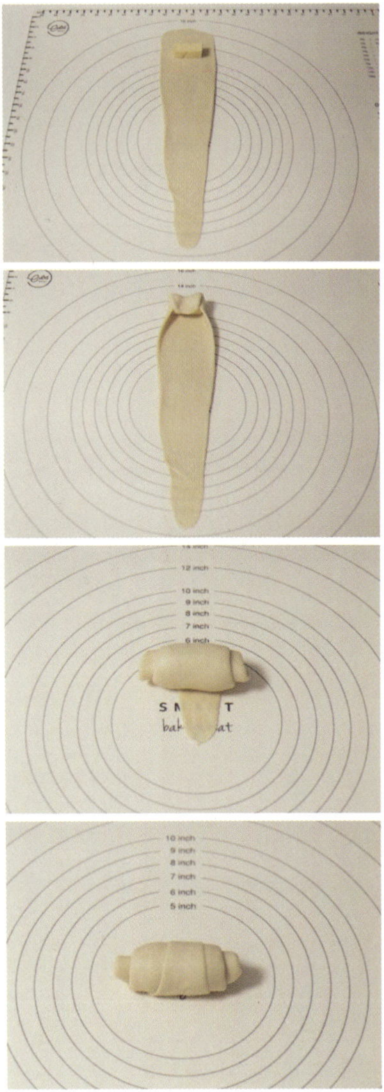

12 토핑용 버터를 넣고 반죽을 돌돌 말아 소라 모양으로 만든다.

13 유산지를 깐 오븐 팬 위에 올려 40분 정도 최종 발효한다.

14 플뢰르드셀을 뿌리고 180℃로 예열한 오븐에서 15분 정도 굽는다.

하드롤
Hard Roll

바게트처럼 껍질은 단단하고 속은 촉촉한, 겉과 속이 다른 빵이에요. 슬라이스해서 구워 먹기도 하고 속을 파내고 파스타를 채워 파네파스타를 만들기도 하죠. 든든해서 더 좋은 기본 빵입니다.

♦ **재료** 15cm 2개 분량

강력분 175g, 물 160g, 통밀가루 50g, 설탕 10g, 소금 4g, 드라이이스트(저당용) 4g

1 강력분과 통밀가루를 체 쳐서 볼에 넣고 섞는다.

2 홈을 3개 파고 각각 설탕과 소금을 넣는다.

3 나머지 홈에 드라이이스트를 넣는다.

4 물을 붓는다.

5 스패출러로 자르듯 섞는다.

6 매끄럽고 둥글게 반죽해 볼에 담고 랩을 덮은 뒤 70분 정도 1차 발효한다.

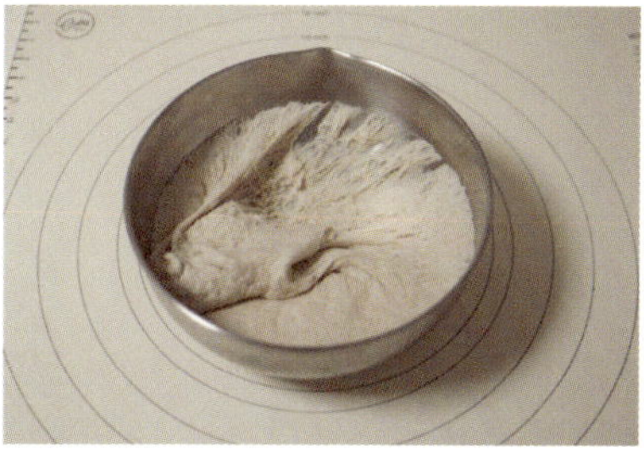

7 발효가 끝난 반죽에서 가스를 뺀다.

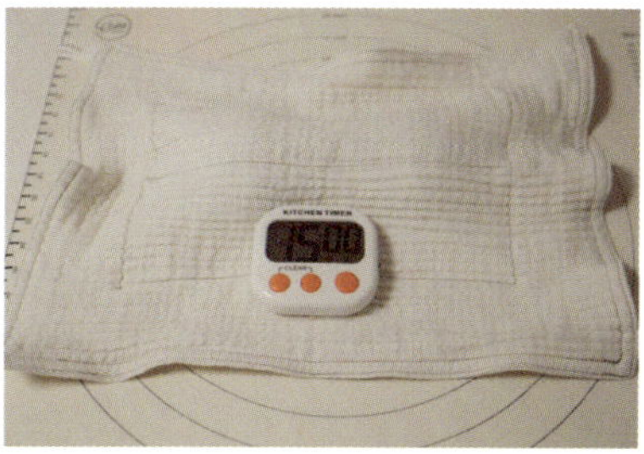

8 2개로 분할하고 젖은 면포를 덮어 15분 정도 중간 발효한다.

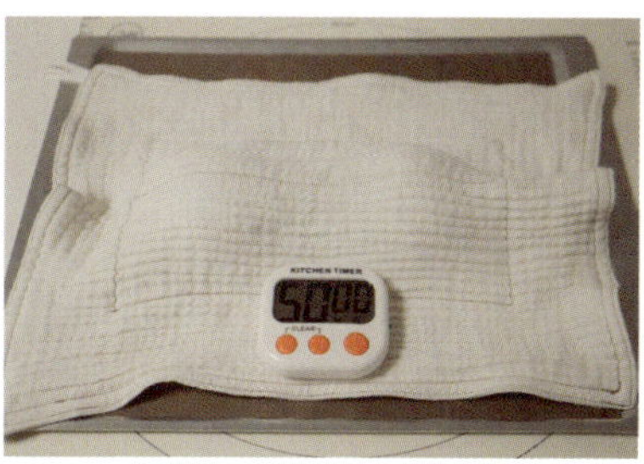

9 발효가 끝난 반죽에서 가스를 빼고 둥글게 반죽한 뒤 오븐 팬에 올리고 젖은 면포를 덮어 50분 정도 최종 발효한다.

10 쿠프나이프로 X자 모양 칼집을 내고 오븐을 210℃로 예열한 뒤 반죽을 넣고 200℃에서 25분 정도 굽는다.

베이글 *Bagel*

반죽 가운데 구멍을 뚫어 끓는 물에 한번 데친 뒤 오븐에 굽는 링 모양의 빵입니다. 질긴 식감이 매력적이고 크림치즈와 함께 아침 식사로 많이 먹죠. 잠깐만 데쳐야 쫄깃함을 유지할 수 있어요.

♦ **재료** 12cm 4개 분량

강력분 320g, 물 200g, 꿀 10g, 소금 6g, 드라이이스트(저당용) 6g, 끓인 물 1L

1 드라이이스트를 물에 넣고 푼다.

2 강력분, 소금을 체 쳐서 볼에 넣고 1의 드라이이스트를 반만 넣는다.

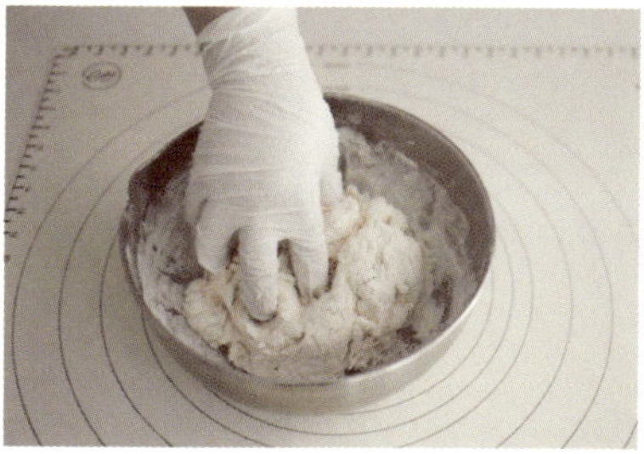

3 가볍게 치댄다.

4 꿀을 넣는다.

5 남은 1의 드라이이스트를 넣는다.

6 손으로 치대며 매끈해질 때까지 20분 정도 반죽한다.

7 매끈해진 반죽을 볼에 넣고 젖은 면포를 덮은 뒤 60분 정도 1차 발효한다.

8 2배로 부푼 반죽을 손가락으로 찔러 발효 상태를 확인하고 가스를 뺀다.

9 반죽을 120g 정도씩 4개로 분할하고 둥글게 반죽한다.

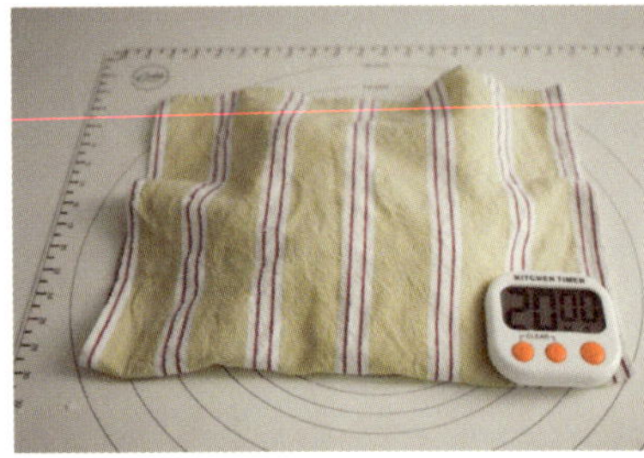

10 다시 젖은 면포를 덮고 20분 정도 중간 발효한다.

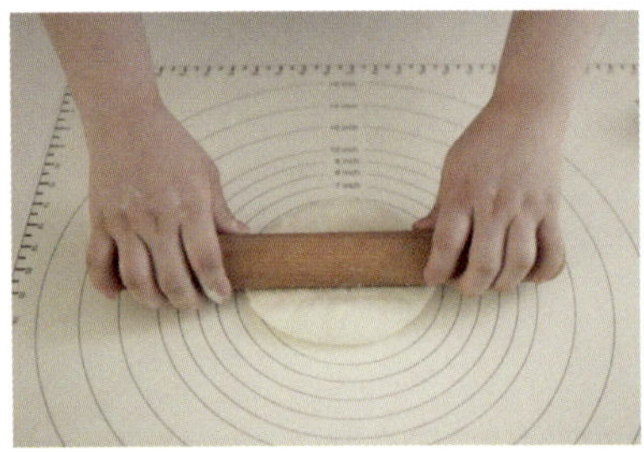

11 발효가 끝나면 가스를 빼고 타원형으로 민다.

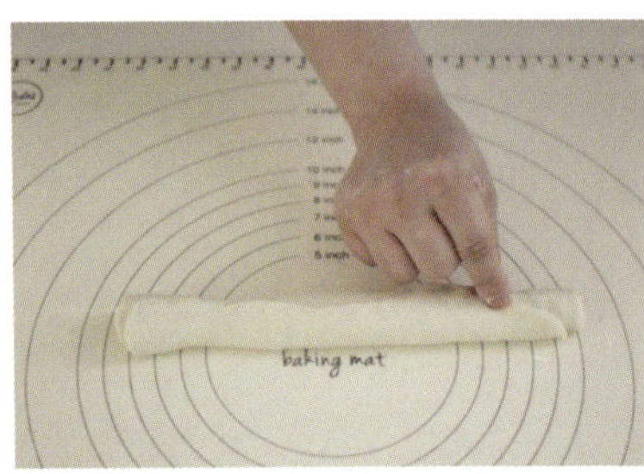

12 반죽 한쪽을 돌돌 말고 풀리지않게 매듭을 꼬집어준다.

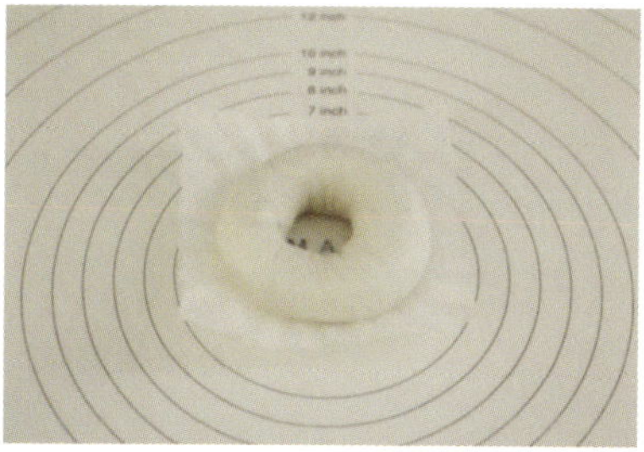

13 반죽을 동그랗게 말아서 링 모양을 만든다.

14 이음매를 꼬집어준다.

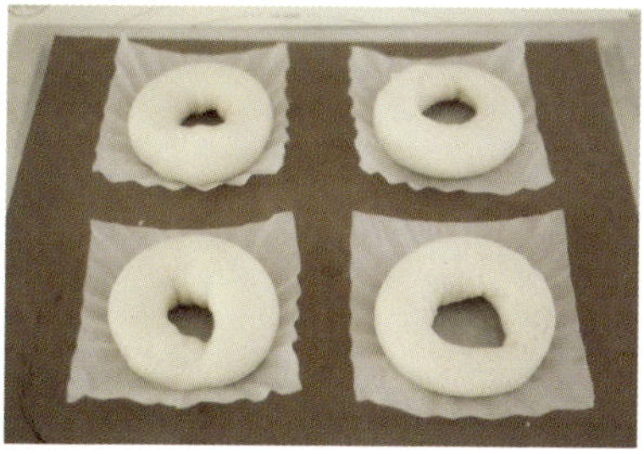

15 베이킹 팬에 유산지를 깔고 반죽을 올린 뒤 30분 정도 최종 발효한다.

16 물을 끓이고 반죽을 넣어 15초씩 데친다. 유산지를 제거하지 않은 상태 그대로 끓는 물에 넣으면 자연스럽게 유산지가 떨어진다.

17 반죽을 건지고 185℃로 예열한 오븐에 20분 정도 굽는다.

풀먼식빵

Pullman Bread

주로 샌드위치를 만들 때 사용하는 식빵으로 뚜껑이 있는 식빵 틀에 발효하면 반듯한 직육면체 식빵이 완성돼요. 구워서 바로 먹으면 촉촉한 식빵의 맛을 느낄 수 있고 밀폐 용기나 식빵 봉투에 넣어서 하루 정도 냉장 보관하면 더 쫄깃해져요.

♦ 재료 **18cm 풀먼식빵 틀 1개 분량**

강력분 300g+약간(덧가루용), 우유 130g, 물 70g, 버터 40g, 설탕 25g, 드라이이스트(고당용) 6g, 소금 6g

*우유는 실온에 둔다.

1 강력분을 체 쳐서 볼에 넣고 홈을 3개 판 뒤 각각 설탕, 드라이이스트, 소금을 넣고 잘 섞는다.

2 우유를 붓는다.

3 반죽을 손으로 가볍게 뭉친다.

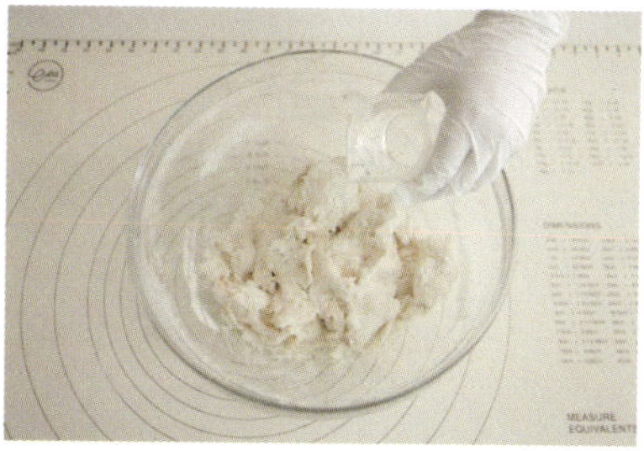

4 물을 넣고 반죽을 치댄다.

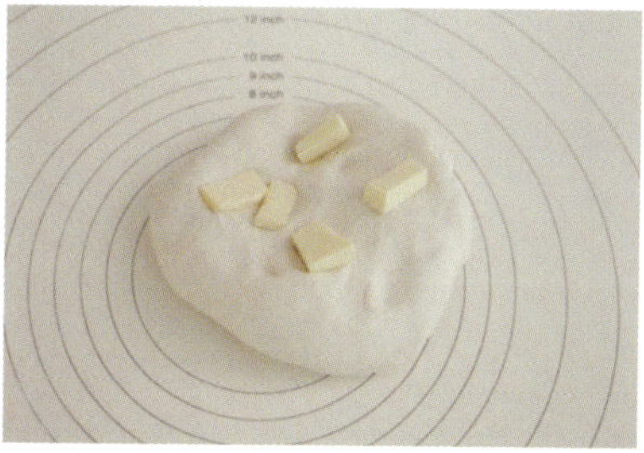

5 버터를 넣는다.

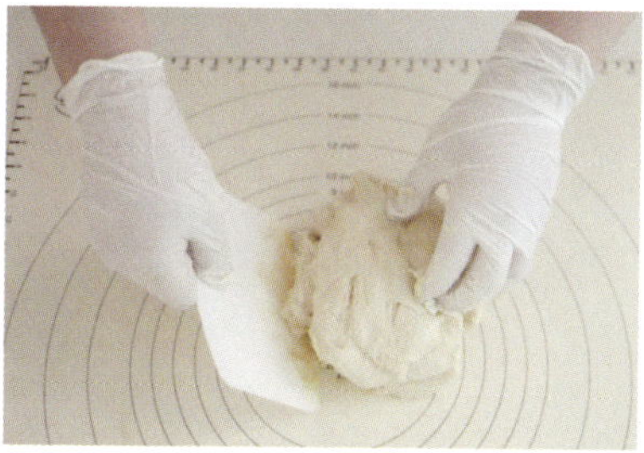

6 반죽이 매끄러워질 때까지 치댄다.

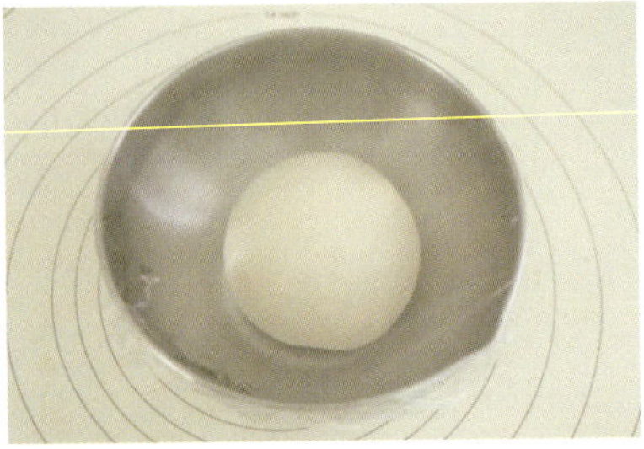

7 매끈한 반죽을 둥글게 만들고 볼에 담은 뒤 랩을 씌운다.

8 1~2시간 정도 1차 발효한다. 여름에는 발효가 빠르고, 겨울에는 발효가 느린 편이므로 반죽을 확인하며 2배가 될 때까지 발효한다.

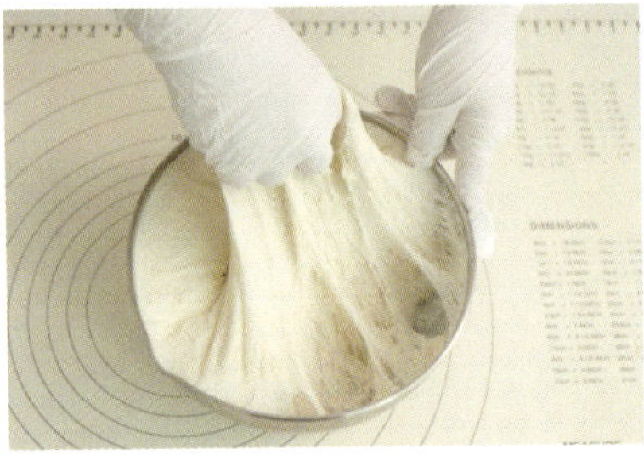

9 발효가 끝난 반죽을 주먹으로 내리치고 당기며 가스를 뺀다.

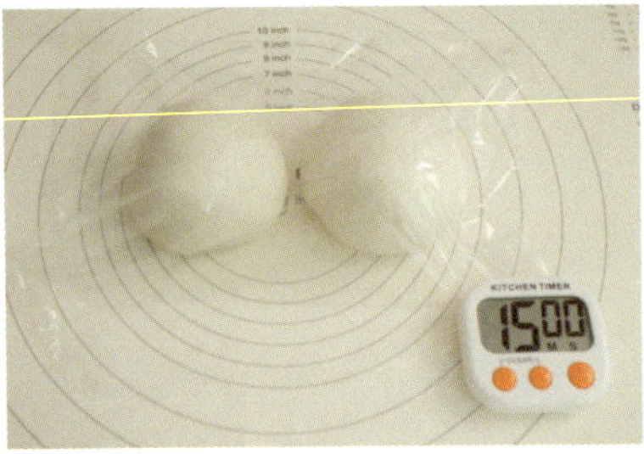

10 반죽을 2개로 분할하고 랩을 씌운다.

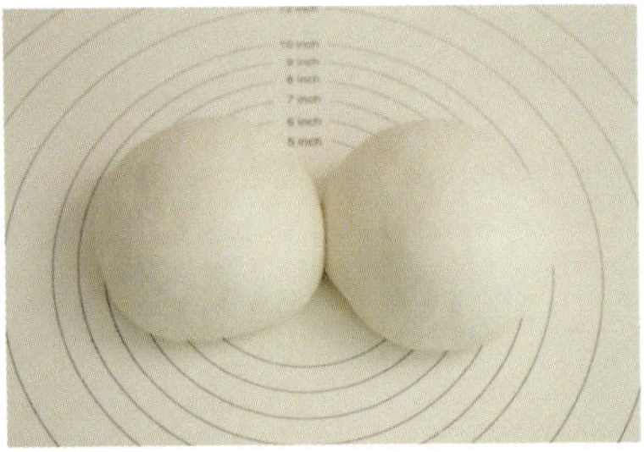

11 15분 정도 중간 발효한다.

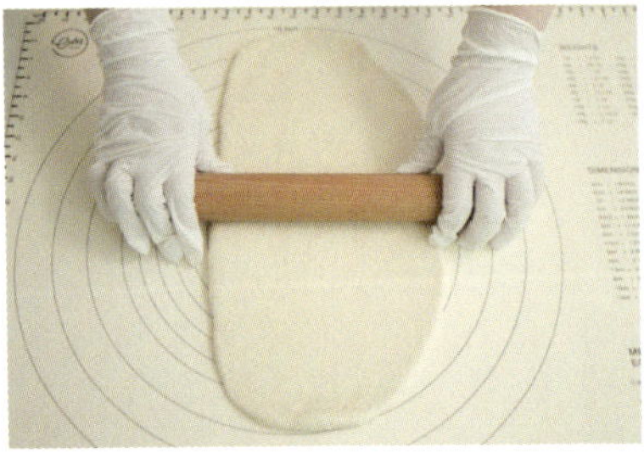

12 베이킹매트에 강력분을 뿌리고 반죽을 올린 뒤 밀대로 길게 민다.

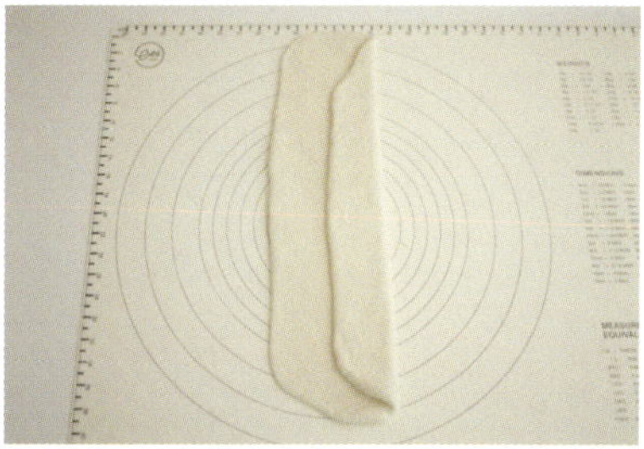

13 반죽 양쪽 가장자리를 길게 반죽 안쪽으로 접는다.

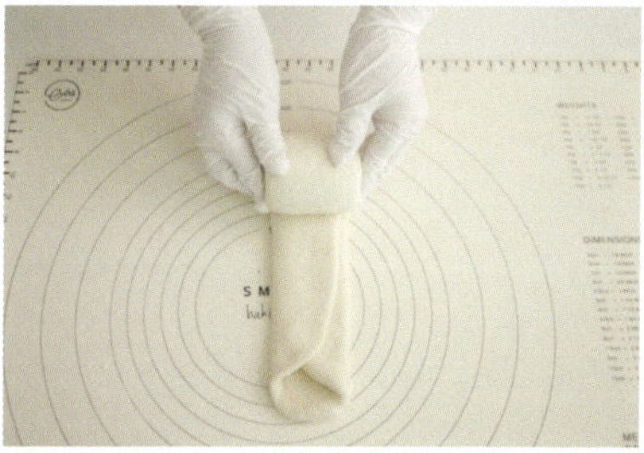

14 돌돌 만다.

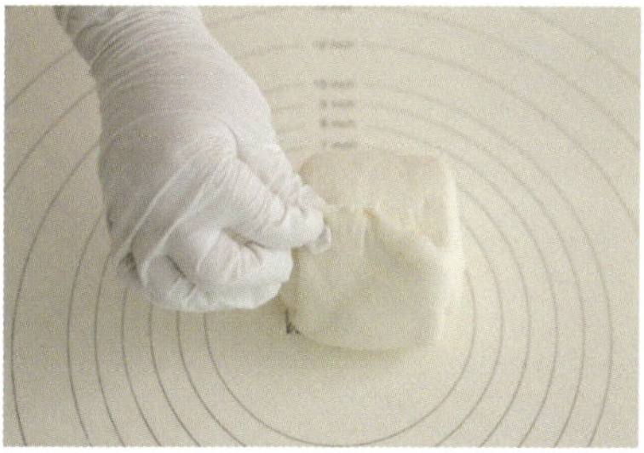

15 끝부분이 풀리지 않게 이음매를 꼬집어준다. 나머지 반죽도 같은 방법으로 만든다.

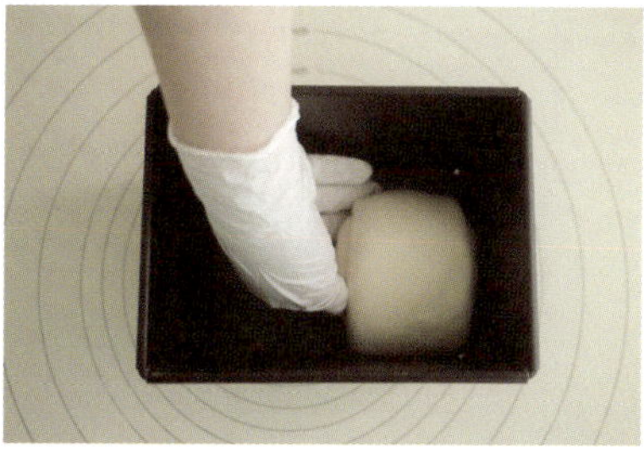

16 식빵 틀에 **15**의 반죽을 넣는다.

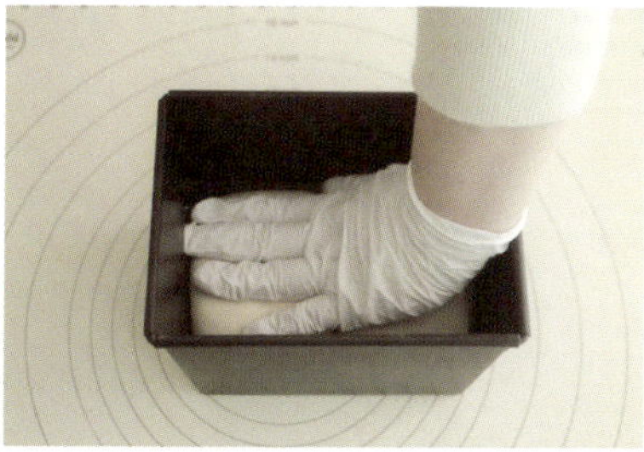

17 손바닥으로 한번 누르고 뚜껑을 닫은 뒤 30~40분 정도 최종 발효한다.

18 뚜껑을 열었을 때 반죽이 90% 정도 차면 발효가 완료된 것이다. 오븐을 200℃로 예열하고 180℃에서 30~35분 정도 구운 뒤 틀을 바닥에 가볍게 내리쳐 식빵을 분리한다.

밤식빵 *Chestnut Bread*

밤을 가득 채운 든든한 빵이에요. 밤식빵을 사면 달콤한 밤과 아몬드크림만 쏙쏙 골라 먹고 싶죠. 직접 만들면 모든 부분이 맛있습니다. 갓 구운 밤식빵을 손으로 호호 불며 뜯어 먹는 맛이 일품이에요.

♦ **재료** 26cm 미니 파운드 틀 3개 분량

강력분 350g+약간(덧가루용), 물 250g, 중력분 180g, 달걀 2개, 밤다이스 100g, 설탕 50g, 버터 40g, 소금 12g, 드라이이스트(고당용) 7g, 아몬드슬라이스 약간

아몬드크림

달걀 2개, 버터 52g, 아몬드가루 50g, 슈거파우더 40g, 베이킹파우더 2g

1 강력분과 중력분은 체 쳐서 볼에 넣는다.

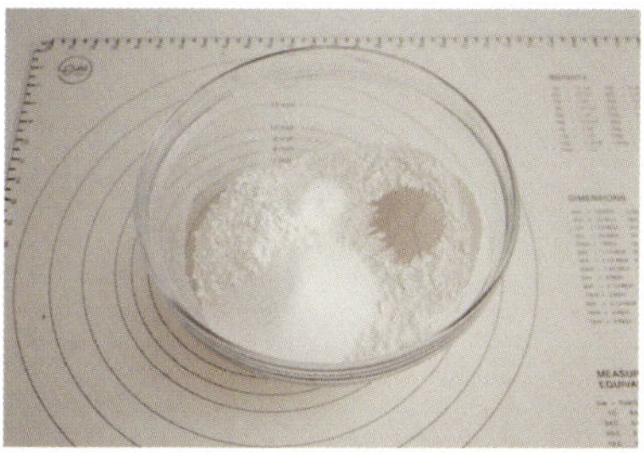

2 홈을 3개 파서 각각 설탕, 소금, 드라이이스트를 넣는다.

3 달걀을 넣고 물을 반 정도 넣는다.

4 스패출러로 반죽을 가볍게 섞고 남은 물을 넣는다.

5 반죽을 베이킹매트에 올리고 스크래퍼로 모으면서 치댄다.

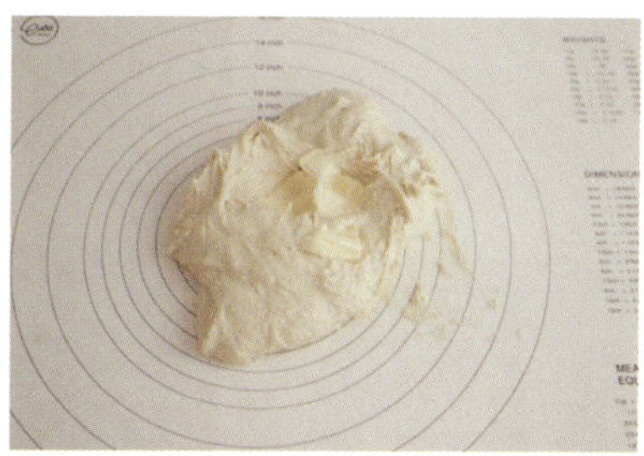

6 가루가 보이지 않을 정도로 부드러워진 반죽에 버터를 넣는다.

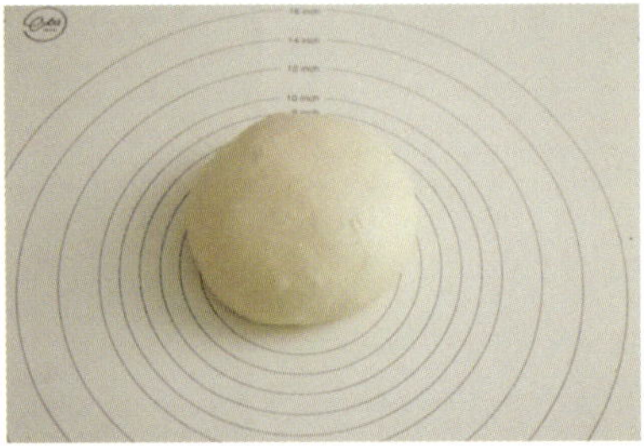

7 15분 이상 치대며 둥글게 만든다.

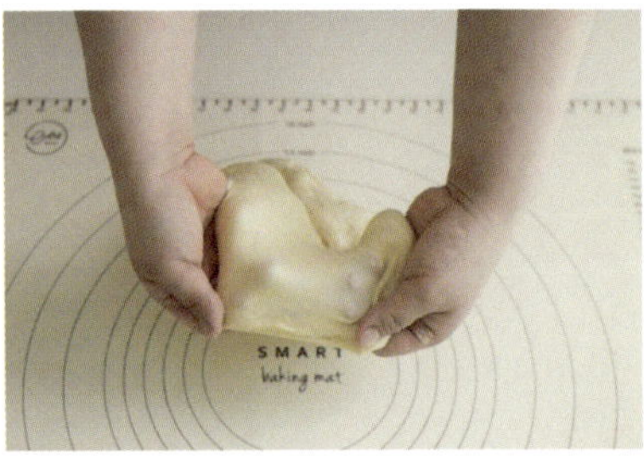

8 반죽이 매끈해지면 일부분을 뜯어 얇게 늘려서 손가락이 비치는지 확인한다.

9 반죽을 둥글게 만들고 볼에 넣은 뒤 랩을 씌운다.

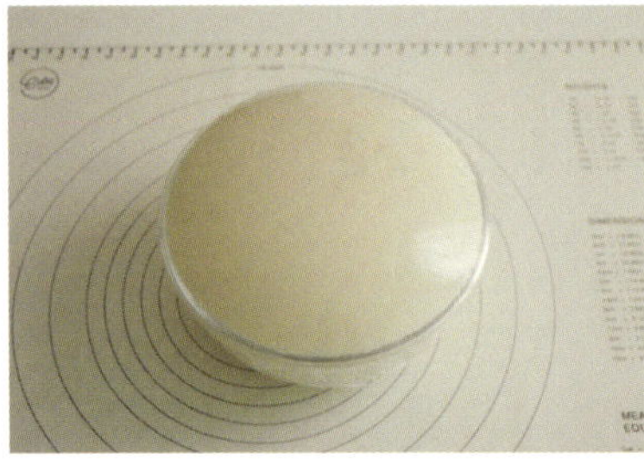

10 60분 정도 1차 발효한다.

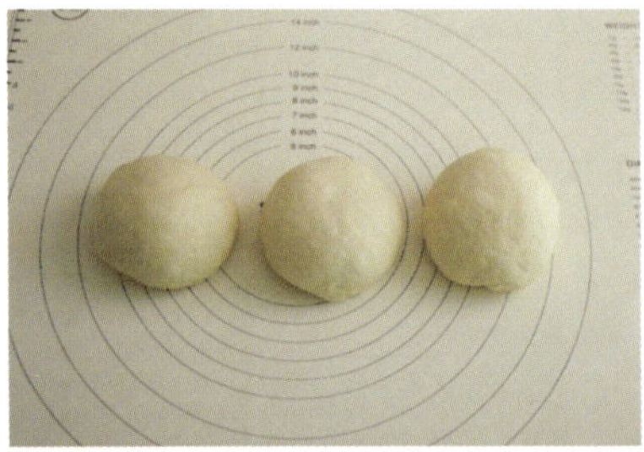

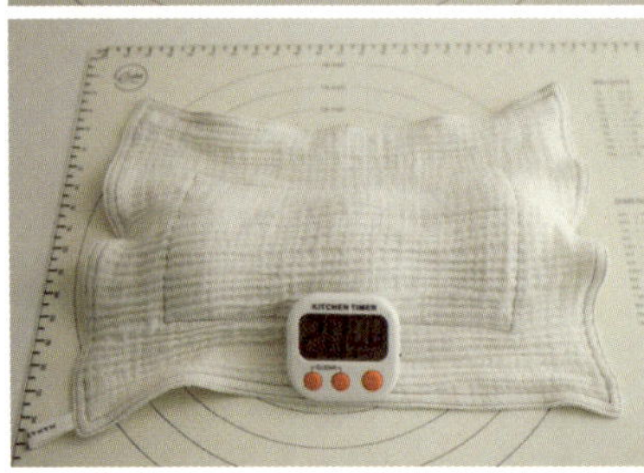

11 1차 발효가 끝난 반죽은 가스를 빼고 3개로 분할한 뒤 둥글게 만들고 젖은 면포를 덮어 20분 정도 중간 발효한다.

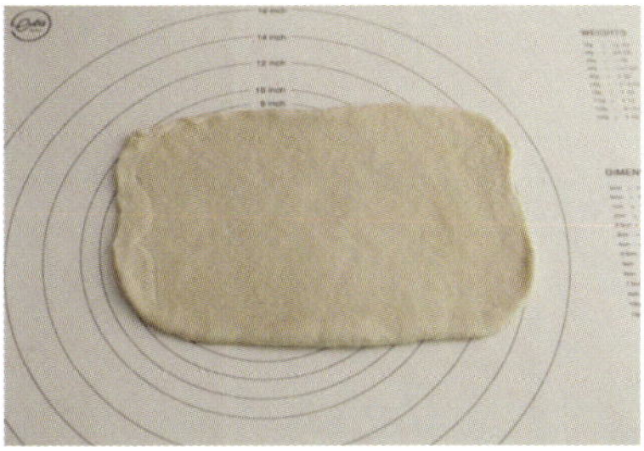

12 발효가 끝난 반죽에 강력분을 뿌리고 가스를 뺀 뒤 밀대로 직사각형이 되도록 민다.

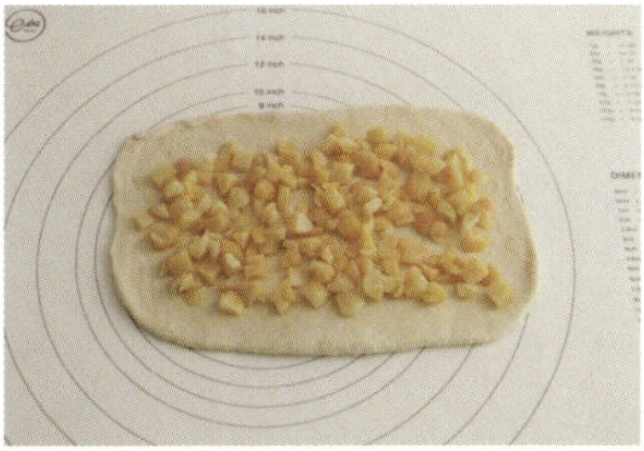

13 밤다이스는 물기를 빼고 12의 반죽 위에 골고루 편다.

14 반죽을 밑에서부터 빈틈없이 촘촘하게 말고 끝부분은 풀리지 않게 꼬집어서 마무리한다.

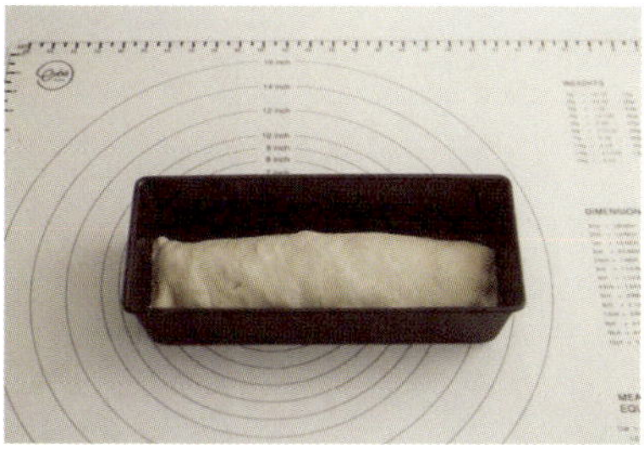

15 틀에 반죽을 넣고 따뜻한 곳에서 40분 정도 최종 발효한다.

16 아몬드크림을 만든다. 버터를 볼에 넣고 부드럽게 푼 뒤 슈거파우더를 넣고 거품기로 섞는다.

17 달걀을 풀어서 2번에 나눠 넣고 잘 섞는다.

18 아몬드가루와 베이킹파우더를 체 쳐서 넣고 잘 섞는다.

19 짜주머니에 빗살 모양 깍지를 끼우고 반죽을 넣는다.

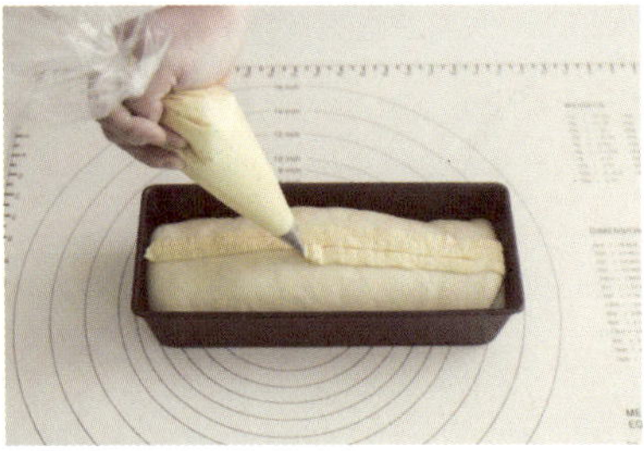

20 **15**의 반죽 위에 아몬드크림을 짠다.

21 아몬드슬라이스를 올리고 오븐을 190℃로 예열한 뒤 175℃에서 25분 정도 굽는다. 틀을 꺼내 바닥에 친 뒤 식빵을 꺼내고 식힌다.

초콜릿식빵
Chocolate Bread

초코칩을 가득 넣어 씹는 맛이 있는 식빵입니다. 초콜릿이 녹아 은은한 달콤함까지 스며들어 있죠. 전자레인지에 살짝 데워서 초콜릿이 진득하게 녹았을 때 우유와 함께 먹으면 든든합니다.

♦ **재료** 17cm 식빵 틀 1개 분량

강력분 285g, 우유 170g, 달걀 1개, 초콜릿 60g, 설탕 40g, 버터 25g+약간(코팅용), 코코아가루 20g, 드라이이스트(고당용) 4g, 소금 3g

1 강력분과 코코아가루를 체 쳐서 볼에 넣는다.

2 홈을 3개 파서 각각 드라이이스트, 설탕, 소금을 넣고 가볍게 섞는다.

3 달걀과 우유를 넣는다.

4 30분 정도 손으로 반죽한다.

5 버터를 넣는다.

6 매끈해질 때까지 반죽하고 둥글게 만든 뒤 볼에 옮기고 랩을 씌운다.

7 45분 정도 1차 발효한다.

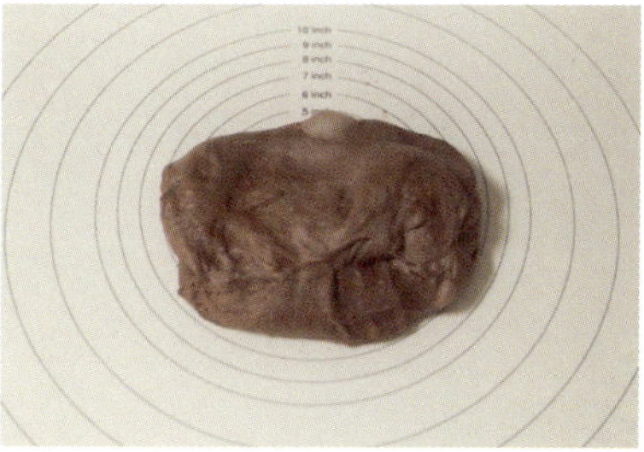

8 2배로 부푼 반죽에서 가스를 뺀다.

9 2개로 분할하고 둥글게 반죽한다.

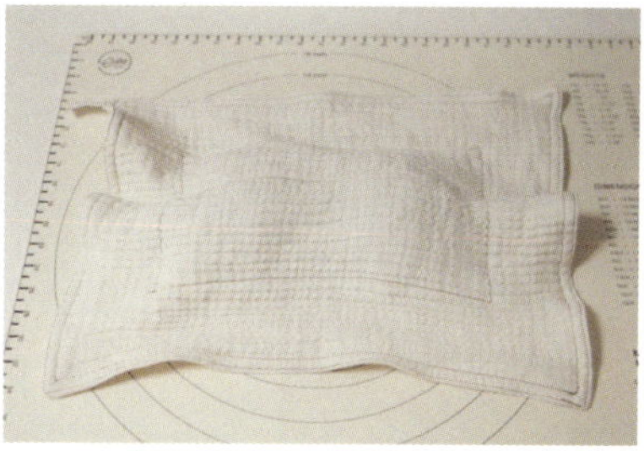

10 젖은 면포를 덮고 20분 정도 중간 발효한다.

11 가스를 빼고 밀대로 길게 민 뒤 초콜릿을 30g씩 나눠서 가운데 올린다.

12 반죽 양쪽 가장자리를 안쪽으로 접는다.

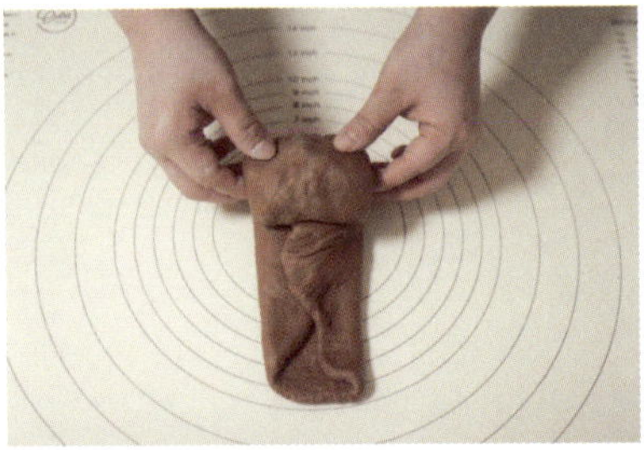

13 돌돌 만다.

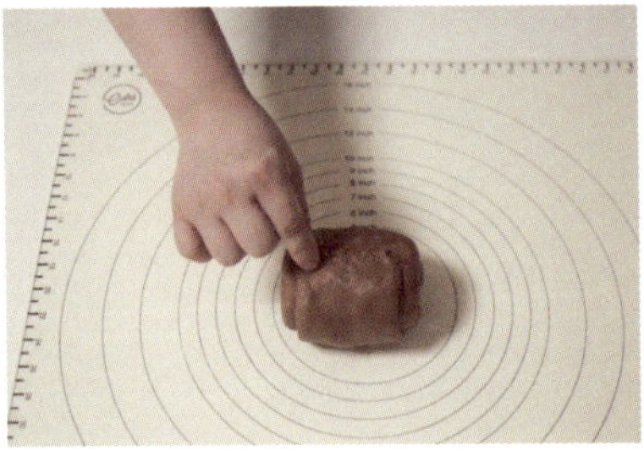

14 풀리지 않게 이음매를 잘 꼬집어준다. 나머지 반죽도 같은 방법으로 만든다.

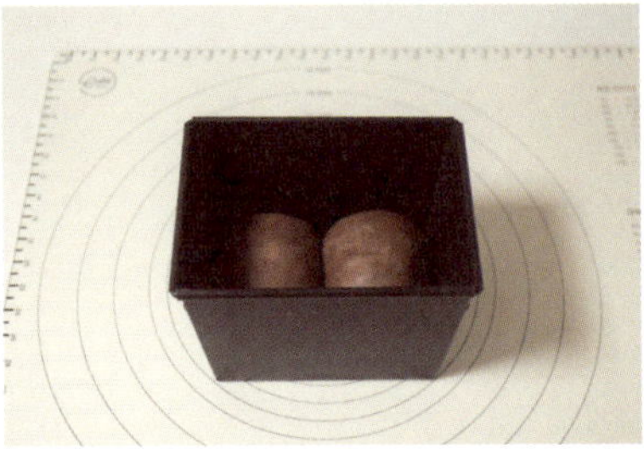

15 식빵 틀에 반죽을 넣고 주먹으로 한번 누른다.

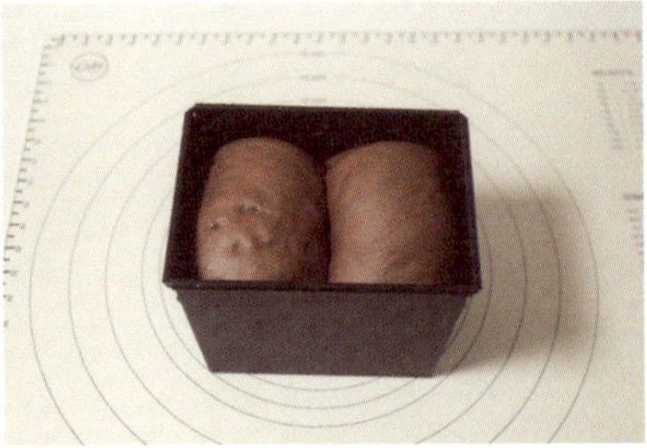

16 젖은 면포를 덮고 30분 정도 최종 발효한다. 봉긋한 모양을 만들기 위해 뚜껑은 덮지 않는다.

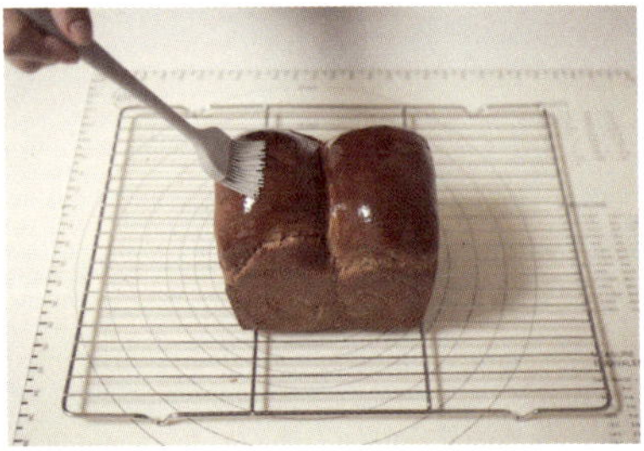

17 오븐을 180℃로 예열하고 170℃에서 25분 정도 굽는다. 틀을 꺼내 바닥에 한번 치고 식빵을 꺼낸 뒤 버터를 녹여서 식빵에 살짝 바른다.

크루아상

Croissant

반죽을 얇게 펴서 버터를 듬뿍 넣어 만드는 초승달 모양 빵입니다. 갓 구운 크루아상은 겹겹의 결이 찢어지며 버터향을 물씬 풍깁니다. 바삭바삭한 소리까지 매력적이죠. 그대로 먹으면 버터의 풍미를 느낄 수 있고 취향에 따라 크림을 가득 채우거나 샌드위치로 만들어도 좋아요.

♦ 재료 12cm 6개 분량

강력분 450g, 물 225g, 버터 193g, 설탕 30g, 달걀 20g+약간(코팅용), 드라이이스트(고당용) 7g, 소금 5g

*버터는 실온에 둔다.

1 따뜻한 물에 드라이이스트를 녹인다.

2 강력분, 설탕, 소금을 체 쳐서 볼에 넣고 달걀을 넣는다.

3 1의 드라이이스트를 붓고 섞는다.

4 가루가 보이지 않게 치대며 반죽을 양손으로 늘리고 찢으면서 한덩어리로 뭉친다.

5 반죽을 볼에 옮기고 랩을 덮는다.

6 70분 정도 1차 발효한다.

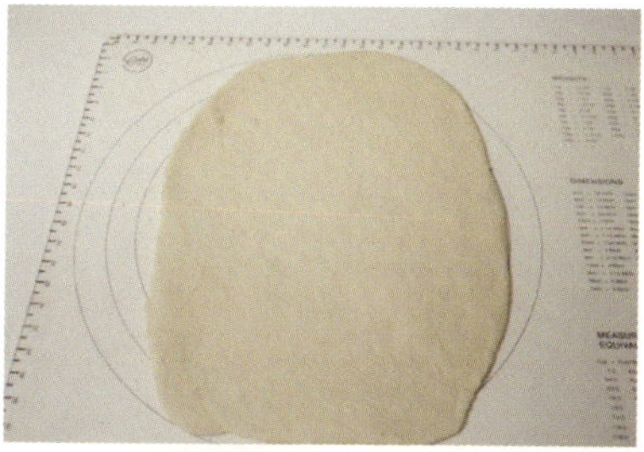

7 발효가 끝난 반죽에서 가스를 빼고 밀대로 넓게 밀어 편 뒤 버터를 올린다.

8 버터를 스패출러로 넓게 바른다.

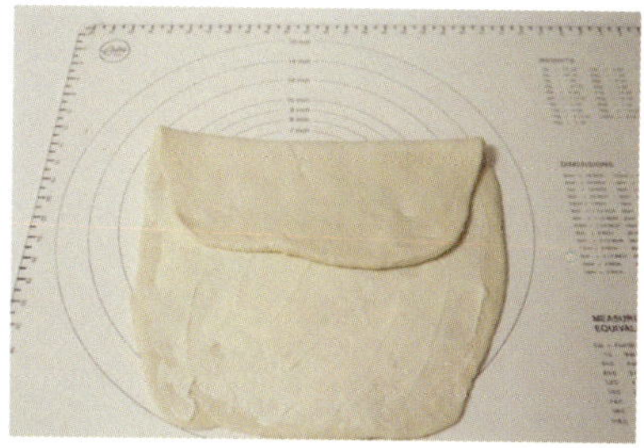

9 반죽을 3단으로 접고 비닐에 싸서 냉동실에서 20분 정도 둔다.

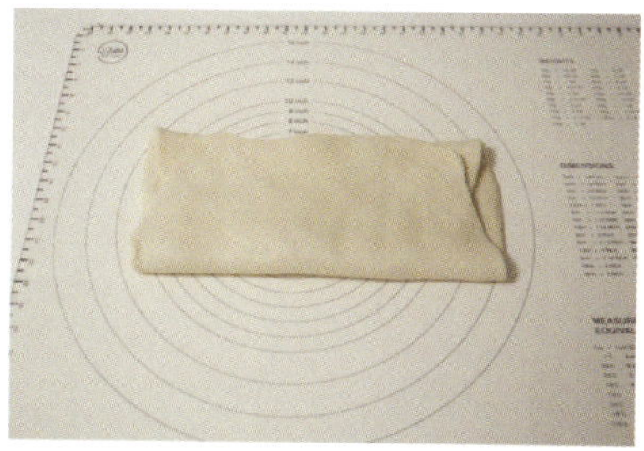

10 반죽을 꺼내 밀대로 조금씩 밀며 넓게 펴고 다시 3단으로 접은 뒤 2번 더 반복한다.

11 완성한 반죽을 밀대로 넓게 펴고 양옆, 위아래를 칼로 정리한다.

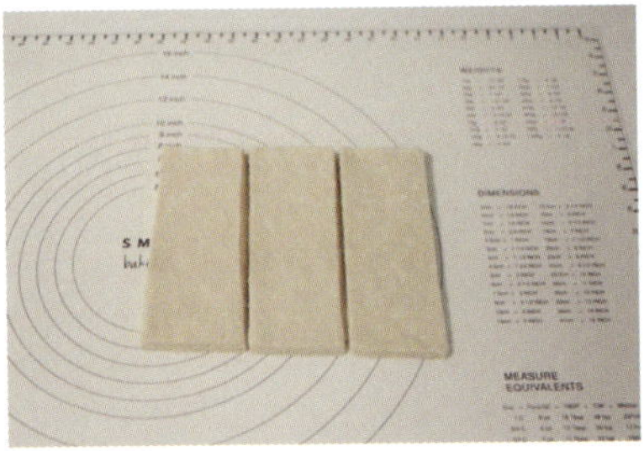

12 반죽을 직사각형으로 3등분한다.

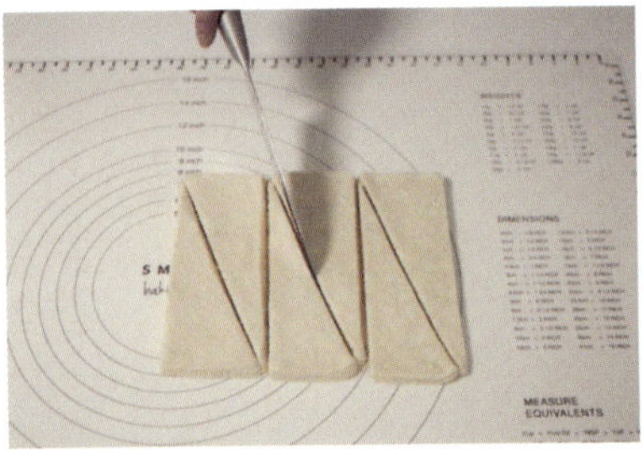

13 다시 사선으로 반을 자른다.

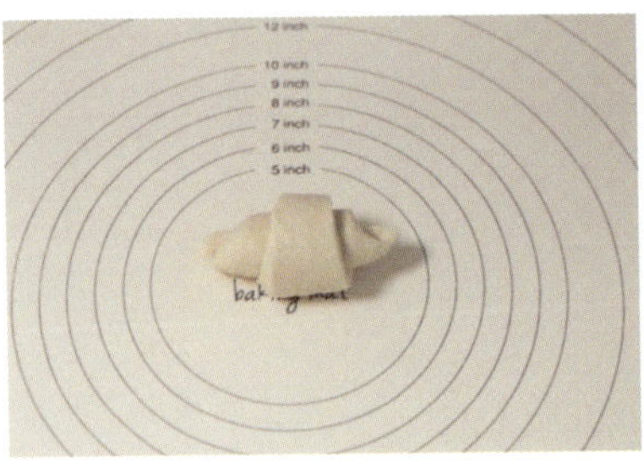

14 반죽 양쪽을 밀대로 얇게 밀고 넓은 부분에서 말기 시작해 모양을 만든다.

15 오븐 팬에 올리고 28~33℃에서 30분 정도 2차 발효한다. 온도가 높으면 버터가 녹을 수 있으니 주의한다.

16 2배로 부푼 반죽 표면에 달걀물을 바른다.

17 185℃로 예열한 오븐에서 18분 정도 굽는다.

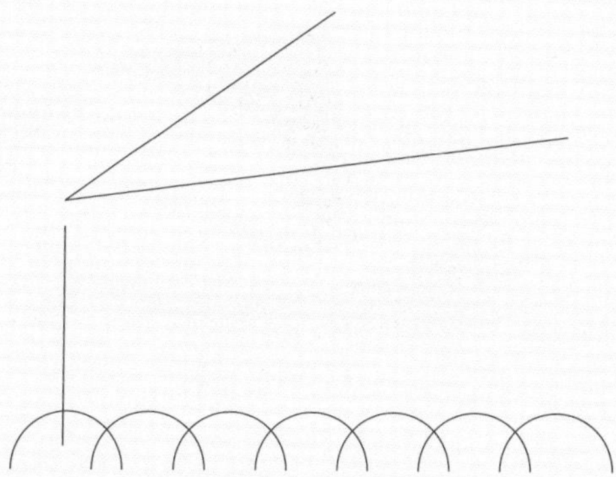

케이크 스타일링

똑같은 치즈케이크도 어떤 토핑을 올리는지에 따라 맛의 폭이 달라집니다. 기본 치즈케이크도 스타일링만으로 색다른 느낌을 줄 수 있죠. 홀 치즈케이크를 다 먹기가 지루할 때는 토핑으로 맛의 변화를 줘서 다양하게 즐겨보세요.

뉴욕치즈케이크 *New York Cheese Cake*

꾸덕꾸덕하고 진한 뉴욕치즈케이크는 치즈케이크 중 가장 많은 사랑을 받고 있어요. 윗면의 색이 고르게 잘 구워지면 다른 장식이 없어도 완벽하죠. 단면을 깔끔하게 자르기 위해 칼을 토치로 살짝 데우면 깔끔하게 조각낼 수 있어요. 따뜻한 아메리카노와 뉴욕치즈케이크 1조각만 있다면 완벽한 홈카페를 즐길 수 있습니다.

오레오치즈케이크 *Oreo Cheese Cake*

오레오 분태와 버터를 촘촘하게 눌러 쿠키지를 만들어서 오레오 맛을 진하게 느낄 수 있어요. 크림을 두툼하게 올리고 씹는 맛을 위해 오레오 조각으로 마무리하세요. 치즈의 진한 풍미와 오레오 쿠키의 달콤한 조합이죠. 우유와 함께 먹기 좋아요.

청포도치즈케이크

Green Grape Cheese Cake

입안에서 톡톡 터지는 과즙과 아삭한 식감이 매력적인 청포도를 올린 청포도치즈케이크예요. 씨가 있는 청포도를 사용하면 텁텁할 수 있어 씨가 없는 청포도를 추천해요. 청포도를 반으로 잘라 나란히 올리고 애플민트로 향긋함을 더해요. 먹기 전 냉동실에 10분 정도 두면 청포도의 아삭한 식감을 살릴 수 있어요.

아이스크림치즈케이크

Ice Cream Cheese Cake

아이스크림을 1스쿱 떠서 치즈케이크 위에 올렸어요. 브라우니 위에 아이스크림을 올린 모습과 비슷하죠. 깊은 맛의 치즈케이크 위에 순수하고 달콤한 아이스크림을 올려 먹으면 사르르 녹는 시원한 치즈를 먹는 듯한 착각이 들어요. 아이스크림이 녹으면 눅눅해질 수 있으니 빠르게 먹어야 해요.

브라운치즈케이크
Broun Cheese Cake

브라운치즈와 치즈를 곱게 갈아줄 치즈 그레이터가 필요해요. 실온에 둔 브라운치즈를 그레이터로 곱게 갈아 치즈케이크 위에 올렸어요. 특별한 장식이 없어도 눈이 소복히 쌓인 느낌이죠. 크림치즈의 산미와 브라운치즈의 달콤한 캐러멜맛이 잘 어우러져요. 고소한 카페라테와 어울립니다.

바나나통밀치즈케이크
Banana and Whole Wheat Cheese Cake

강하지 않아 부드러움과 달콤함만 느낄 수 있는 바나나로 장식해 치즈케이크의 맛과 잘 어우러져요. 바나나를 원형으로 슬라이스해서 사선으로 올려요. 통밀쿠키로 고소함을 더했어요. 통밀쿠키가 없다면 로투스를 올려도 좋아요.

다크초콜릿치즈케이크

Dark Chocolate Cheese Cake

다크초콜릿을 중탕으로 녹여 치즈케이크 위에 흘러내리듯 붓고 귀여운 홈런볼 1개로 마무리하면 간단하게 완성입니다. 다크초콜릿의 쌉싸름함과 묵직한 치즈케이크의 맛을 느낄 수 있어요. 초콜릿이 굳기 전에 먹으면 치아에 달라붙을 정도로 눅진한 식감이 느껴져요. 아메리카노를 곁들이면 깔끔하죠.

블루베리치즈케이크

Blueberry Cheese Cake

싱그러운 보라빛의 블루베리와 블루베리잼, 그리고 허브로 장식한 치즈케이크예요. 입안에 넣자마자 톡 하고 과즙이 퍼지며 블루베리의 달콤함을 느낄 수 있어요. 은은하게 퍼지는 블루베리 향이 매력적이죠. 블루베리와 치즈케이크의 조합은 누구나 추천하는 맛있는 조합입니다.

레몬아이싱치즈케이크

Lemon Icing Cheese Cake

침샘을 자극하는 상큼하고 새콤한 레몬아이싱을 뿌린 치즈케이크입니다. 치즈케이크가 질릴 때 레몬아이싱을 뿌리면 색다르게 즐길 수 있어요. 레몬파운드케이크, 레몬케이크와 비슷한 맛이에요. 촉촉하고 새콤한 맛으로 레몬의 매력을 진하게 느낄 수 있어요.

딸기치즈케이크

Strawberry Cheese Cake

크리스마스 분위기가 느껴지는 붉은 빛깔의 딸기와 생크림을 올린 치즈케이크예요. 누구나 좋아하는 딸기와 달콤한 생크림을 올린 이 치즈케이크는 호불호가 없어요. 냉동 과일이 아닌 제철 딸기를 사용하면 더욱 좋아요.

밀크초콜릿치즈케이크

Milk Chocolate Cheese Cake

초콜릿을 녹여 짜주머니에 넣고 지그재그로 초콜릿 선을 그려요. 초콜릿이 굳도록 잠깐 냉동실에 두었다가 포크로 초콜릿을 톡톡 부수듯 먹어보세요. 달콤하고 고소한 맛을 느낄 수 있어 초콜릿을 그다지 좋아하지 않아도 재미있게 먹을 수 있죠.

PART 1

담백한 식사빵

* 재료와 분량은 1접시 기준입니다. 분량이 다른 메뉴는 별도 표기 했습니다.

분위기 있는 한끼 식사를 만들어주는,
편하게 자주 만드는 메뉴를 모았습니다.
방금 만든 따뜻한 토스트에 몇 가지 재료만 더해도
카페 부럽지 않은 브런치가 완성되죠.
딸기가 제철일 때는 딸기를 넣어, 밤이 제철일 때는 밤을 이용해
계절의 내음이 느껴지는 담백한 테이블을 만들어보세요.

치즈모닝롤
Cheese Morning Roll

여러 가지 재료를 준비하기 귀찮을 때는 치즈 2장만 준비하세요. 모닝롤과 치즈만으로 간단하게 만들 수 있는 메뉴입니다. 게으름을 부리고 싶은 아침, 따뜻한 우유 1잔과 곁들여보세요. 간단하지만 맛있습니다.

♦ 재료

모닝롤 3개, 체다 슬라이스 1장, 모차렐라 슬라이스 1장, 파슬리 말린 것 약간

*모닝롤 만드는 법은 p.37 참고

♦ 만드는 법

1 모닝롤을 반으로 자른다.

2 체다와 모차렐라를 모닝롤 크기에 맞춰 사각으로 자른다.

3 모닝롤 위에 체다와 모차렐라를 올린다.

4 파슬리를 뿌린다.

5 180℃로 예열한 오븐에 넣고 2분 30초 정도 굽는다.

Tip

치즈 위에 파슬리를 뿌린다

파슬리는 비타민이 풍부하다. 수프, 파스타, 빵 등에도 자주 사용하며 장식 효과도 있다. 금방 상하는 생파슬리 대신 파슬리 말린 것을 살짝 뿌리면 치즈의 풍미를 살려주고 더욱 먹음직스러워진다.

화이트발사믹소스 캉파뉴와

Campagne and White Balsamic Sauce

발사믹은 포도즙을 목질이 다른 나무통에 여러 번 옮겨 담으며 숙성시킨 포도식초입니다. 올리브유와 섞으면 상큼하면서도 달콤한 맛과 향이 뛰어난 소스가 되죠. 캉파뉴를 바삭하게 구워 발사믹소스에 적셔보세요. 남은 소스는 샐러드드레싱으로 활용할 수 있습니다.

♦ 재료

캉파뉴 18cm ½개, 올리브유 40g, 화이트발사믹식초 20g

♦ 만드는 법

1 올리브유를 볼에 담고 화이트발사믹식초를 부은 뒤 잘 섞는다.(올리브유와 발사믹식초의 비율은 2:1이 좋다.)

2 캉파뉴를 2.5cm 두께로 2조각을 자르고 세라믹 석쇠에 올려 겉이 바삭하도록 앞뒤로 1분씩 굽는다.

3 캉파뉴를 그릇에 담고 **1**의 발사믹소스를 곁들인다.

Tip

캉파뉴는 세라믹 석쇠에서 굽는다

캉파뉴를 세라믹 석쇠에 구우면 겉은 바삭하고 속은 촉촉하게 구울 수 있다. 중약불에서 자주 뒤집지 않고 앞뒤로 1분씩 구우면 노릇노릇하게 잘 구워진다.

부라타 프렌치 토스트

French Toast and Burrata

어릴 적 엄마가 식빵에 달걀물을 입혀 설탕을 솔솔 뿌려 만들어 주신 추억의 토스트를 제 레시피로 재연한 메뉴입니다. 식빵을 큼직하게 자르고 우유의 풍미가 짙은 부라타를 곁들여보세요. 메이플시럽도 빠지면 안 돼요!

♦ 재료

풀먼식빵 $\frac{1}{2}$개, 달걀 2개, 부라타 1개(120g), 우유 100g, 설탕 2큰술, 메이플시럽 25g, 연유 15g, 버터 15g, 소금 약간

* 풀먼식빵 만드는 법은 p.54 참고

♦ 만드는 법

1 식빵을 5cm 너비의 정사각형으로 큼직하게 자른다.

2 달걀, 우유, 연유, 소금을 볼에 넣고 거품기로 잘 푼다.

3 자른 식빵을 넣고 촉촉하게 적신다.

4 중불로 달군 프라이팬에 버터를 녹이고 약불로 낮춘 뒤 식빵을 넣어 2분~2분 30초 정도 굽는다.

5 식빵 위에 설탕을 뿌리고 뒤집어서 40초 정도 굽는다.

6 부라타는 반으로 자른다.

7 5의 토스트를 그릇에 담고 부라타를 올린 뒤 메이플시럽을 뿌린다.

Tip

식빵에 설탕을 뿌리고 굽는다

식빵에 달걀물을 입히면 더 촉촉해진다. 더 바삭하게 먹고 싶다면 설탕을 뿌려 코팅하듯 굽는다. 완성된 토스트에는 설탕을 따로 뿌리지 않는다.

밤식빵과 밤조림

Chestnut Bread and Chestnut Compote

영화 <리틀 포레스트>를 보며 밤조림을 꼭 만들고 싶었어요. 손이 많이 가고 시간이 오래 걸리지만 넉넉하게 만들면 겨우내 간식으로 먹기 좋아요. 달짝지근한 밤을 가득 넣은 밤식빵에 밤조림까지 곁들이면 따뜻한 한끼가 완성되죠.

♦ 재료

밤식빵 $\frac{1}{3}$개, 밤 800g, 설탕 400g, 베이킹소다 3큰술, 럼 10g

*밤식빵 만드는 법은 p.58 참고

♦ 만드는 법

1 미지근한 물에 밤을 넣고 3시간 정도 불린다.

2 밤은 겉껍질을 제거하고 밤이 다 잠길 정도로 물을 부은 뒤 베이킹소다를 넣고 12시간 정도 재운다.

3 밤을 건져 냄비에 넣고 물을 부은 뒤 30분 정도 약불에서 끓인다. 중간중간 거품을 걷어낸다.

4 밤을 찬물로 헹구고 다시 냄비에 넣은 뒤 물을 붓고 20분 정도 삶는다.

5 물을 버리고 다시 냄비에 물을 부은 뒤 20분 정도 삶고 찬물에 씻은 다음 남아 있는 심지를 제거한다.

6 깊은 냄비에 밤을 넣고 밤이 잠길 정도로 물을 부은 뒤 설탕을 넣는다.

7 중불에서 끓이다가 한소끔 끓으면 약불로 낮춰서 40분 정도 더 졸인다.

8 럼을 넣고 살짝 식힌 뒤 소독한 유리 용기에 넣는다.

9 접시에 밤식빵을 담고 밤조림과 함께 플레이팅한다.

Tip

베이킹소다를 넣어 밤의 떫은맛을 없앤다

밤은 겉껍질만 제거하고 베이킹소다를 넣은 물에 12시간 정도 두면 떫은맛을 없앨 수 있다. 겉껍질을 제거하지 않고 담가두면 떫은맛이 느껴질 수 있다.

감자 포카치아

Potato Focaccia

포카치아는 밀가루와 이스트를 넣어 납작하게 구운 빵으로 이탈리아에서 즐겨 먹는 빵 중 하나입니다. 담백하고 쫄깃한 식감이 무척 매력적이며 식전에 먹기도 좋고 다른 재료를 더해 식사로 즐기기에도 좋아요.

♦ 재료 원형 틀 2호 1개 분량

강력분 350g, 물 250g, 올리브유 25g+약간(코팅용), 설탕 8g, 드라이이스트(고당용) 6g, 소금 5g, 감자 1개(토핑용)

♦ 만드는 법

1 유리 볼에 물을 넣고 전자레인지에 넣은 뒤 30초 정도 데운다.
2 설탕과 드라이이스트를 넣고 잘 푼다.
3 강력분과 소금을 체 쳐서 볼에 넣고 스패출러로 가볍게 섞는다.
4 **2**와 올리브유 25g을 넣고 날가루가 보이지 않을 정도로 섞는다.
5 손에 올리브유를 묻히고 **4**의 반죽을 바깥에서 안쪽으로 접는다. 3번 반복한다.
6 원형 틀 바닥 부분에 올리브유를 바르고 반죽을 틀 크기에 맞게 편 뒤 80분 정도 1차 발효한다.
7 반죽에 올리브유를 뿌리고 손가락으로 눌러 구멍을 낸다.
8 감자를 얇게 슬라이스해서 반죽 위에 원형으로 촘촘하게 올리고 40분 정도 2차 발효한다.
9 200℃로 예열한 오븐에서 25분 정도 굽는다.

Tip

포카치아 반죽에 손가락으로 구멍을 낸다

포카치아 반죽 바닥에 손가락이 닿을 정도로 눌러 구멍을 낸다. 깊숙이 눌러야 구운 뒤에도 모양을 유지할 수 있다. 원하는 토핑이 있다면 구멍 난 부분에 채워도 된다.

토마토포카치아

Tomato Focaccia

토핑에 따라 다른 맛을 내는 포카치아에 새콤한 토마토와 로즈메리를 올렸습니다. 저온 발효로 더 쫄깃하고 도톰하게 구워서 가로로 반을 잘라 브런치용 샌드위치를 만들어도 좋아요. 좋아하는 재료를 듬뿍 넣어 푸짐한 한끼를 만들어보세요.

♦ 재료 25cm 정사각형 틀 1개 분량

중력분 200g, 물 150g, 올리브유 25g+약간(코팅용), 드라이이스트(저당용) 4g, 설탕 4g, 소금 3g, 로즈메리 1줄기, 방울토마토 6개, 후추 약간

♦ 만드는 법

1 중력분을 체 쳐서 볼에 담고 홈을 3개 판 뒤 각각 이스트, 설탕, 소금을 넣는다.

2 미지근한 물과 올리브유 15g을 넣고 스패출러로 날가루가 보이지 않을 정도로 반죽을 섞는다.

3 한덩어리가 된 반죽에 랩을 씌우고 실온에서 60분 정도 1차 발효한다.

4 정사각형 틀에 올리브유를 바른다.

5 발효가 끝난 반죽을 틀에 넣고 반죽을 편 뒤 손으로 자국을 내고 냉장고에 넣어 12시간 정도 2차 발효한다.

6 발효가 끝난 반죽을 냉장고에서 꺼내고 20분 정도 실온에 둔다.

7 반으로 자른 방울토마토를 올리고 올리브유 10g를 뿌린 뒤 로즈메리를 잘게 부숴 뿌린다.

8 오븐을 230℃로 예열하고 뜨거운 물 1컵을 함께 넣은 뒤 220℃에서 20분 정도 굽는다.

Tip

12시간 이상 냉장고에서 저온 발효한다

발효 시간을 기다리기 힘들다면 자기 전에 반죽을 준비해서 냉장고에 넣고 12시간 정도 저온 발효하면 갓 구운 빵을 원하는 시간에 먹을 수 있다. 겉은 바삭하고 속은 쫄깃한 포카치아가 완성된다.

소금빵과 마늘허브버터

Salt Bread and Garlic Herb Butter

버터에 좋아하는 허브와 재료를 넣어 나만의 버터를 만들어보세요. 따뜻하게 데운 빵에 발라 먹어도 좋고 요리할 때도 사용할 수 있는 활용도 만점의 버터예요. 빵에 마늘허브버터를 바르면 산뜻한 마늘빵을 먹는 느낌이죠.

♦ 재료

버터 250g, 마늘 다진 것 30g, 파슬리 10g, 소금 6g

*소금빵 만드는 법은 p.43 참고

*버터는 실온에 둔다.

♦ 만드는 법

1 버터를 볼에 넣고 부드럽게 푼다.

2 파슬리를 다진다.

3 **1**의 버터에 마늘과 파슬리, 소금을 넣고 스패출러로 섞는다.

4 비닐 랩에 버터를 올리고 모양을 잡은 뒤 냉장실에 3시간 정도 둔다.

Tip

비닐 랩으로 버터를 싸서 모양을 잡은 뒤 굳힌다

비닐 랩을 펼치고 버터를 올린 뒤 모양을 잡는다. 한번에 다 먹지 않는다면 냉장실에서 3시간 이상 굳혀서 모양을 잡고 소분해서 사용한다.

크루아상과 얼그레이잼

Croissant and Earl Grey Jam

과일로 만든 잼이 지겹다면 얼그레이잼을 만들어 크루아상과 함께 드셔보세요. 밀크티와는 또 다른 매력을 느끼게 될 거예요. 고소한 크루아상과 은은한 홍차 향이 나는 얼그레이잼은 따뜻한 우유 거품을 올린 카페라테와 잘 어울려요.

◆ 재료

크루아상 1개, 얼그레이잼 45g, 버터 20g

<u>얼그레이잼</u>

얼그레이잎 10g, 우유 500g, 생크림 250g, 설탕 80g

* 크루아상 만드는 법은 p.67 참고

◆ 만드는 법

1 물을 냄비에 넣고 중불에서 끓이다가 유리 용기를 넣어 소독한 뒤 완전히 건조시킨다.

2 얼그레이잎, 우유, 생크림을 냄비에 넣고 5분 정도 우린다.

3 잎이 우러나면 설탕을 넣고 중불에서 10분 정도 끓인다. 바닥이 타지 않게 스패출러로 젓는다.

4 한소끔 끓어오르면 약불로 낮추고 저으면서 30분 정도 졸인다.

5 잼을 찬물에 떨어뜨렸을 때 퍼지지 않고 뭉치는지 확인한다. 너무 되직하지 않도록 만든다.

6 원하는 농도가 되면 불을 끄고 한 김 식힌다.

7 소독한 유리 용기에 **6**의 얼그레이잼을 넣는다.

8 크루아상을 반으로 자른 뒤 얼그레이잼을 바른다.

9 버터는 0.5cm 두께로 자르고 크루아상 가운데 넣는다.

Tip

크루아상 위에 얼그레이잼을 듬뿍 바른다

얼그레이잼은 당도가 높지 않아서 듬뿍 발라도 부담이 없다. 버터를 넣고 그 위에 또 발라도 좋다.

초콜릿식빵과 초콜릿소스

Chocolate Bread and Chocolate Sauce

초콜릿식빵을 구우면 달콤한 냄새가 집 안 가득 퍼져서 무척 행복해져요. 초콜릿칩의 달콤한 맛과 식감까지 느낄 수 있는 초콜릿식빵에 쌉싸름한 다크초콜릿을 녹인 초콜릿소스를 듬뿍 발라보세요. 고소한 우유 한잔을 곁들인다면 몇 개라도 먹을 수 있죠.

♦ 재료

생크림 90g, 다크초콜릿 40g, 버터 4g, 소금 3g

* 초콜릿식빵 만드는 법은 p.63 참고

♦ 만드는 법

1. 생크림을 데우고 다크초콜릿을 넣은 뒤 스패출러로 천천히 저으며 약불에서 녹인다. 물이 들어가지 않도록 주의한다.
2. 다크초콜릿이 녹으면 불을 끄고 버터와 소금을 넣은 뒤 젓는다.
3. 초콜릿소스를 한 김 식힌다.
4. 준비한 초콜릿식빵에 **3**의 초콜릿소스를 곁들인다.

Tip

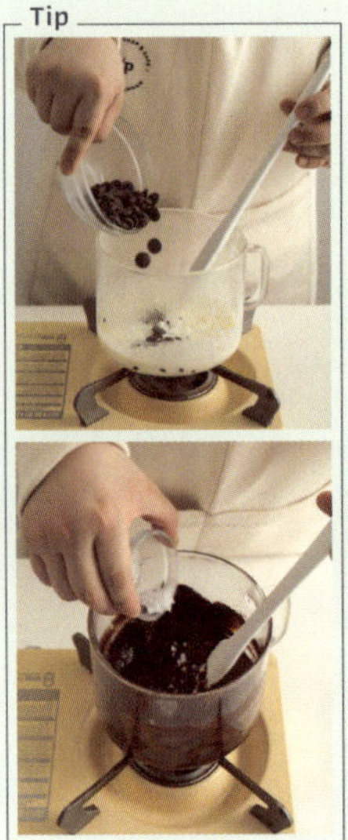

초콜릿소스에 소금을 넣는다

달콤한 초콜릿소스에 소금을 넣는 것이 의외일 수 있지만 소금의 짠맛이 감칠맛을 끌어 올려 자꾸 끌리는 맛을 느낄 수 있다.

수플레팬케이크

Soufflé Pan Cake

포슬포슬하게 부풀어 오른 수플레팬케이크는 보기만 해도 기분이 좋아지는 메뉴입니다. 맛도 담백해서 어떤 토핑과도 잘 어울려요. 제철 과일을 올려도 좋고 달콤한 시럽을 뿌려도 맛있죠. 유명 카페 부럽지 않은 수플레팬케이크를 직접 만들어보세요.

♦ 재료

설탕 45g, 박력분 30g, 우유 25g, 물 20g, 버터 10g, 달걀노른자 3개 분량, 달걀흰자 3개 분량, 베이킹파우더 5g, 바닐라엑스트렉트 2g, 바나나 ½개(토핑용), 생크림 휘핑한 것 28g(토핑용), 시나몬가루 약간(토핑용)

♦ 만드는 법

1 달걀노른자를 볼에 넣고 거품기로 푼다.

2 우유, 바닐라엑스트렉트를 넣고 섞는다.

3 박력분, 베이킹파우더를 체 쳐서 넣고 거품기로 푼다.

4 물기가 없는 볼에 달걀흰자를 넣고 핸드믹서로 빠르게 휘핑한다.

5 설탕을 3번에 나눠 넣고 중속으로 6분 30초 정도 휘핑해 단단한 머랭을 만든 뒤 **3**에 넣고 거품이 죽지 않도록 주의하며 섞는다.

6 프라이팬에 버터를 녹이고 키친타월로 닦은 뒤 **5**의 반죽을 짜주머니에 넣고 3단으로 쌓아 올린다.

7 약불로 낮추고 물 10g을 넣은 뒤 뚜껑을 닫고 3분 정도 굽는다.

8 반죽을 1번 더 올리고 뚜껑을 닫은 뒤 1분 30초 정도 더 굽다가 스패츌러로 반죽을 뒤집고 물 10g을 넣은 다음 뚜껑을 닫고 4분 정도 익힌다.

9 바나나를 어슷하게 썰고 생크림을 아이스크림 스쿱에 담아 모양을 잡는다.

10 **8**의 수플레를 그릇에 담고 시나몬가루를 뿌린 뒤 바나나와 생크림을 올린다.

Tip

짜주머니로 반죽을 짠다

반죽을 짜주머니에 넣고 크림을 짜듯 3단으로 올리면 무너지지 않고 모양이 잘 잡힌다. 아이스크림 스쿱을 사용해도 되지만 분리될 때 모양이 흐트러지기 때문에 짜주머니를 추천한다.

딸기콩포트 크림치즈토스트와

Cream Cheese Toast and Strawberry Compote

딸기의 계절이 끝나기 전에 알이 작은 딸기를 활용해 딸기 콩포트를 만들어보세요. 과육이 살아 있는 콩포트에 크림치즈를 더해 토스트를 만들면 분위기 있는 테이블이 되죠. 당분이 가득한 제철 딸기로 만들면 더 좋아요.

♦ 재료

풀먼식빵 1장, 딸기 100g, 설탕 50g, 크림치즈 15g, 레몬즙 10g

*풀먼식빵 만드는 법은 p.54 참고

♦ 만드는 법

1 딸기는 꼭지를 제거하고 깨끗이 씻은 뒤 물기를 닦고 유리 볼에 담은 다음 설탕을 넣어 3시간 정도 둔다.

2 물을 냄비에 넣고 중불에서 끓이다가 유리 용기를 넣어 소독한 뒤 완전히 건조시킨다.

3 물기가 생긴 딸기를 냄비에 담고 약불에서 끓인다. 거품이 생기면 걷어낸다.

4 레몬즙을 넣고 20분 정도 끓인 뒤 거품을 걷으면서 원하는 농도를 맞춘다.

5 소독한 유리 용기에 **4**를 넣고 한 김 식힌다.

6 식빵은 180℃로 예열한 오븐에 2분 30초 정도 바삭하게 굽는다.

7 크림치즈를 식빵 위에 올린다.

8 한 김 식힌 **5**의 딸기콩포트를 식빵 위에 올린다.

Tip

딸기콩포트에 레몬즙을 넣는다

잼을 끓일 때 레몬즙을 넣으면 점성이 생겨 너무 묽지 않도록 조절이 가능하다. 레몬즙이 없다면 레몬주스로 대체 가능하다. 단맛과 새콤한 맛이 잘 어우러지며 조금 더 오래 보관할 수 있다.

브리오슈도넛과 아이스크림

Brioche Doughnut and Ice Cream

영국 버로우 마켓에서 먹어본 도넛을 잊지 못해 폭신폭신한 도넛을 직접 만들었습니다. 링 모양으로 큼직하게 만들어 아이스크림과 위스키를 곁들여보세요. 위스키의 향과 바닐라아이스크림이 훌륭한 조화를 이룹니다.

♦ 재료

강력분 360g, 달걀 100g, 물 90g, 버터 52g, 우유 40g, 설탕 35g, 소금 6g, 드라이이스트(고당용) 5g, 바닐라아이스크림 120g(토핑용), 위스키 40g(토핑용), 식용유 적당량

*우유는 실온에 두고 물은 미지근한 상태로 사용한다.

♦ 만드는 법

1 강력분은 체 치고 버터와 식용유를 제외한 모든 재료를 볼에 넣은 뒤 10분 정도 손으로 반죽한다.

2 반죽이 뭉쳐지면 버터를 넣고 반죽을 바닥에 내려치면서 매끈하게 만든다. 반죽의 상태는 질어야 한다.

3 반죽을 둥글게 만들어 볼에 넣고 90분 정도 1차 발효한다. 여름에는 70분 정도, 겨울에는 90분 정도가 적당하다.

4 2배로 부푼 반죽에서 가스를 빼고 8개로 분할한다.

5 반죽을 둥글게 만들어 유산지에 올리고 손바닥으로 눌러 납작한 원형을 만든다.

6 깍지 뒷부분을 이용해 반죽 가운데를 찍어서 링 모양으로 만들고 40분 정도 2차 발효한다.

7 식용유를 180℃로 예열하고 **6**의 반죽을 넣은 뒤 1분 30초 정도 앞뒤로 튀긴다.

8 튀긴 도넛을 트레이에 올리고 기름을 뺀다.

9 도넛을 그릇에 담고 바닐라아이스크림을 올린 뒤 위스키를 뿌린다.

Tip

발효가 잘되면 띠가 생긴다

발효가 잘된 반죽은 튀길 때 띠가 생긴다. 발효 시간이 오래 걸리는 겨울에는 빵이 2배로 커지지 않아 발효가 부족할 때가 있다. 여름에는 70분 정도 발효하고, 겨울에는 오븐 속에 따뜻한 물과 함께 넣어두면 발효가 잘돼 도넛에 띠가 생기고 쫄깃한 식감을 맛볼 수 있다.

바질스콘

Basil Scone

영국 하면 떠오르는 담백한 스콘에 은은한 향이 매력적인 바질페스토를 넣었습니다. 묵직해서 목이 막힐 때쯤 커피나 홍차를 마시면 시원하게 넘어가는 게 스콘만의 매력이죠. 클로티드크림을 곁들이면 스콘을 더 많이 먹게 될지도 몰라요. 스콘과 클로티드크림으로 여유로운 영국식 애프터눈티를 즐겨보세요.

♦ 재료

박력분 220g, 버터 65g, 우유 60g+약간(코팅용), 설탕 40g, 바질페스토 20g, 달걀 1개, 클로티드크림 2큰술, 베이킹파우더 5g, 소금 1g

*버터는 차갑게 둔다.

♦ 만드는 법

1 박력분, 베이킹파우더를 체 쳐서 볼에 넣고 설탕, 소금을 넣은 뒤 골고루 섞는다.

2 버터를 조각내 넣고 잘게 자르듯이 스크래퍼로 반죽한다.

3 바질페스토를 넣고 반죽을 섞은 뒤 달걀, 우유를 넣고 반죽을 뭉친다.

4 냉장실에서 30분 정도 숙성시키고 스크래퍼로 눌러서 납작하게 만든다.

5 반죽을 반으로 접어 사각 모양을 잡는다. 2번 정도 반복한다.

6 반죽을 냉장실에 넣어 1시간 정도 더 숙성시킨다.

7 반죽을 꺼내 스크래퍼로 원하는 모양으로 자른다.

8 반죽 표면에 우유를 바른다.

9 오븐을 190℃로 예열하고 **8**의 반죽을 넣어 180℃에서 25분 정도 굽는다.

10 구운 스콘을 그릇에 담고 클로티드크림을 곁들인다.

Tip

스콘을 굽기 전에 우유를 바른다

스콘 반죽 표면에 브러시로 우유나 달걀물을 바르면 노릇노릇하게 구워진다. 꼭 필요한 과정은 아니지만 표면에 코팅이 돼 더욱 먹음직스럽다.

CLOTTED
CREAM

달걀빵
Egg Bread

잉글리시머핀의 속을 파내고 달걀 1개를 톡 터뜨려서 넣은 뒤 오븐에 구우면 간단하게 달걀빵을 만들 수 있어요. 달걀이 들어가 더 든든한 간식이죠. 손을 호호 불며 먹었던 겨울철 간식을 좀 더 쉽게 만들어보세요.

♦ 재료

잉글리시머핀 1개, 달걀 1개, 소금 약간, 후추 약간

* 잉글리시머핀 만드는 법은 p.40 참고

♦ 만드는 법

1 잉글리시머핀 중간에 원형 틀을 넣어 속을 파낸다.

2 파낸 부분에 달걀을 넣는다.

3 달걀이 터지지 않도록 뾰족한 도구로 달걀노른자를 3~4번 정도 찌른다.

4 소금, 후추를 뿌린다.

5 180℃로 예열한 오븐에서 15분 정도 굽는다.

Tip

잉글리시머핀은 바닥 부분을 남긴다

잉글리시머핀을 팔 때 바닥이 뚫려버리면 달걀을 넣었을 때 흘러내린다. 원형 쿠키 틀을 사용하거나 원형으로 칼집을 내서 바닥 부분을 남기고 파낸다.

양파크림치즈베이글
Bagel and Onion Cream Cheese

양파의 풍미와 크림치즈의 부드러움을 입안 가득 느낄 수 있는 메뉴입니다. 담백하고 건강해서 더욱 좋아요. 아삭아삭한 양파크림치즈를 질깃한 베이글에 듬뿍 발라 먹으면 그 조화가 무척 훌륭하죠.

♦ 재료

베이글 1개, 크림치즈 200g, 생크림 130g, 양파 70g, 슈거파우더 50g, 머스터드 7g

*베이글 만드는 법은 p.50 참고

*크림치즈는 실온에 둔다.

♦ 만드는 법

1 크림치즈를 부드럽게 풀고 슈거파우더를 넣어 섞는다.

2 양파는 잘게 다진다.

3 생크림, 머스터드를 **1**에 넣고 스패출러로 섞는다.

4 **2**의 양파를 **3**에 넣고 다시 섞는다.

5 베이글을 반으로 자른다.

6 베이글 한쪽에 **4**의 양파크림치즈를 듬뿍 바르고 나머지 한쪽으로 덮는다.

Tip

양파는 잘게 다진다

양파는 생으로 사용하기 때문에 다지기 전에 찬물에 담가 매운맛을 뺀다. 크림치즈와 섞었을 때 맛과 식감을 해치지 않을 정도로 잘게 다지는 게 좋다.

PART 2
카페 브런치

피자, 샌드위치, 파스타 등은 레스토랑이나 카페에서
즐겨도 좋지만 집에서 만들기도 어렵지 않습니다.
SNS에 남다른 솜씨를 자랑하는 사진도 종종 볼 수 있죠.
카페 식사 메뉴 부럽지 않은, 더 든든한 레시피를 소개합니다.
사 먹는 것보다도 더 다채롭게, 집에 있는 재료로
만들 수 있어 자꾸자꾸 도전하고 싶어요.

새우쪽파샌드위치

Shrimp and Green Onion Sandwich

한식에 주로 사용하는 쪽파를 넣은 샌드위치입니다. 요리에 사용하고 애매하게 남는 쪽파를 소스로 활용해 보았어요. 향긋한 쪽파 향에 짭조름하면서 고소한 새우와의 조합이 의외로 잘 어울립니다.

♦ 재료 1개 분량

풀먼식빵 2장, 새우 작은 것 8마리, 양파 40g, 쪽파 2줄기, 마요네즈 3큰술, 레몬즙 2g, 소금 2g, 후추 2g, 올리브유 약간

*풀먼식빵 만드는 법은 p.54 참고

♦ 만드는 법

1. 양파는 깍둑썰기 하고 잘게 다진다.
2. 쪽파는 깔끔하게 손질하고 0.5cm 두께로 자른다.
3. 쪽파와 양파를 볼에 넣고 마요네즈, 소금을 넣은 뒤 섞는다.
4. 레몬즙을 두르고 잘 섞는다.
5. 달군 프라이팬에 올리브유를 두르고 손질한 새우를 넣은 뒤 후추를 뿌리고 노릇하게 굽는다.
6. 식빵을 토스터에 넣고 겉이 바삭해지도록 4분 정도 굽는다.
7. 식빵에 **4**의 소스를 바르고 **5**의 새우를 가지런히 올린 뒤 식빵을 덮는다.

Tip

새우를 코팅하듯 노릇하게 굽는다

냉동 새우는 녹이고 나서 물기를 제거한 뒤 구워야 물이 나오지 않는다. 새우를 구울 때 후추를 뿌리면 겉이 바삭해져서 식감이 살아난다.

에그머핀

Egg Muffin

잉글리시머핀은 영국에서 아침 식사로 먹는 빵으로 달지 않고 폭신폭신합니다. 에그머핀은 잉글리시머핀을 활용해 홀랜다이즈소스와 수란으로 간단하게 만드는 메뉴입니다. 달걀노른자의 고소함을 순수하게 느낄 수 있는 메뉴이기도 하죠. 든든한 식사를 원한다면 베이컨, 햄 등을 추가해도 좋아요.

♦ 재료 2개 분량

잉글리시머핀 2개, 달걀 2개, 달걀노른자 2개 분량, 버터 60g, 식초 1큰술, 머스터드 2작은술, 레몬즙 1작은술, 소금 약간, 후추 약간, 레드페퍼 약간(장식용)

* 잉글리시머핀 만드는 법은 p.40 참고

♦ 만드는 법

1 버터를 볼에 넣고 중탕으로 녹인다.
2 달걀노른자를 볼에 넣고 거품기로 푼다.
3 1의 버터를 조금씩 넣으며 빠르게 거품기로 섞는다.
4 색이 점점 연해지면 머스터드와 레몬즙, 소금, 후추를 넣고 걸쭉해질 때까지 젓는다.
5 냄비에 물을 끓이고 식초를 떨어뜨린 뒤 젓가락으로 휘저어 소용돌이를 만든다.
6 달걀을 넣고 젓가락으로 계속 물을 젓는다.
7 달걀흰자가 서서히 익으면 불을 끄고 국자로 달걀을 뜬다.
8 잉글리시머핀을 반으로 자르고 4의 홀랜다이즈소스를 바른다.
9 7의 수란을 올리고 레드페퍼를 뿌린다.

Tip

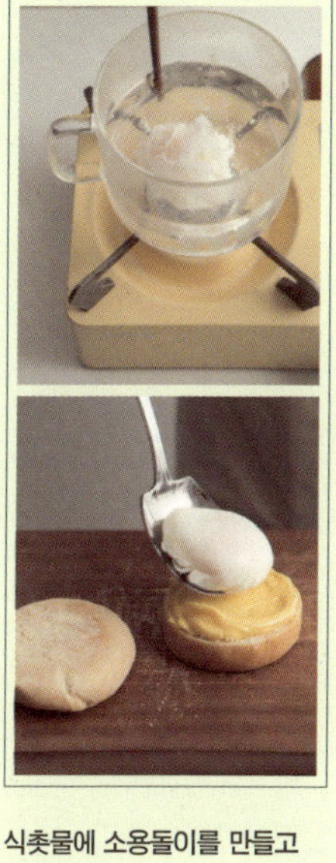

식촛물에 소용돌이를 만들고 달걀을 넣는다

물에 식초 1큰술을 넣고 젓가락으로 2~3바퀴 돌려서 소용돌이를 만들고 나서 바로 달걀을 넣어야 한다. 젓가락으로 저으면서 익히면 동그랗고 예쁜 모양의 수란을 만들 수 있다.

달걀샌드위치

Egg Sandwich

촉촉하고 몽글몽글한 달걀말이가 두툼하게 들어간 샌드위치입니다. 은은한 단맛과 느끼함을 잡아주는 톡 쏘는 고추냉이 맛이 잘 어우러져요. 두툼한 달걀말이가 모닝롤 사이에 쏙 들어가 있어 귀여운 모습으로 시선을 끄는 메뉴입니다.

♦ 재료 3개 분량

모닝롤 3개, 달걀 6개, 물 130g, 마요네즈 4큰술, 꿀 2큰술, 맛간장 1큰술, 맛술 1큰술, 카놀라유 $\frac{1}{2}$큰술, 고추냉이 1작은술, 히말라야핑크소금 약간

*모닝롤 만드는 법은 p.37 참고

♦ 만드는 법

1 달걀을 볼에 풀고 꿀, 맛간장, 맛술, 히말라야핑크소금을 넣은 뒤 잘 섞고 체에 거른다.

2 중불로 예열한 프라이팬에 카놀라유를 두르고 키친타월로 코팅하듯 닦는다.

3 약불로 낮추고 **1**의 달걀물을 얇게 부은 뒤 30~40초 정도 익힌다.

4 달걀을 스패출러로 천천히 만다.

5 달걀물을 다시 4~5번 정도 나눠 부어 익히며 네모 모양으로 만 뒤 도마에서 한 김 식힌다.

6 마요네즈와 고추냉이를 볼에 넣고 섞는다.

7 모닝롤을 반으로 자르고 한쪽에 **6**의 소스를 바른다.

8 **5**의 달걀말이를 모닝롤 크기에 맞춰 자르고 모닝롤 사이에 넣는다.

Tip

마요네즈에 고추냉이를 넣어 느끼함을 없앤다

달콤하고 짭조름한 달걀말이에 고추냉이를 더하면 느끼함을 잡아주고 단맛을 더 끌어올린다. 코끝이 찡 하지 않을 정도의 은은한 맛으로 달걀과 잘 어우러진다.

고르곤졸라마늘키슈

Gorgonzola Garlic Quiche

고르곤졸라는 이탈리아를 대표하는 블루치즈입니다. 톡 쏘는 맛이 강해서 꿀, 견과류와 함께 먹으면 좋아요. 견과류 대신 마늘을 튀겨 곁들이면 꿀과 함께 고소하게 먹을 수 있습니다. 화이트와인을 함께 마시면 훌륭한 안주가 되죠.

♦ 재료 **15cm 높은 원형 무스링 틀 1개 분량**

중력분 100g, 박력분 100g, 물 100g, 버터 80g, 마늘칩 30g, 고르곤졸라 20g, 설탕 7g, 소금 2g, 꿀 약간(토핑용)

필링

달걀 3개, 우유 120g, 생크림 55g, 소금 1g, 후추 약간

♦ 만드는 법

1 중력분과 박력분을 체 쳐서 볼에 넣는다.

2 버터를 깍둑썰기 하고 설탕, 소금과 함께 **1**에 넣은 뒤 스크래퍼로 버터를 조각내면서 잘 섞는다.

3 반죽 사이에 홈을 만들어 물을 조금씩 붓고 농도를 확인하며 반죽한다.

4 반죽을 한덩어리로 뭉쳐 비닐팩에 넣고 냉장실에서 30분 정도 휴지시킨다.

5 반죽을 꺼내 밀대로 밀고 원형 무스링 틀로 찍어 바닥을 채운 뒤 남은 반죽을 옆면에 붙인다.

6 반죽 바닥에 포크로 촘촘하게 구멍을 낸다.

7 달걀, 우유, 생크림, 소금, 후추를 볼에 넣고 거품기로 섞는다.

8 **7**의 필링을 **6**에 붓고 180℃로 예열한 오븐에서 25분 정도 굽는다.

9 구운 키슈를 꺼내고 고르곤졸라를 조금씩 조각내 올린 뒤 마늘칩을 얹는다.

10 180℃로 예열한 오븐에서 다시 7분 정도 구운 뒤 꿀을 뿌린다.

Tip

마늘칩은 나중에 올린다

고르곤졸라는 은근히 호불호가 강한 재료로 코끝을 찌르는 향이 있다. 그 향을 완화하기 위해 마늘칩과 꿀을 곁들인다. 마늘칩은 이미 튀긴 것이므로 고르곤졸라가 살짝 녹을 정도로만 익히면 된다.

에그타르트
Egg Tarte

바삭하고 단단한 파트슈크레Pâte Sucrée로 만든 타르트지에 필링을 채워 넣은 고소하고 달콤한 타르트입니다. 바삭한 쿠키 같은 에그타르트여서 시간이 지나도 눅눅해지지 않고 처음 만들었을 때와 변함없이 즐길 수 있어요.

♦ 재료 6개 분량

달걀 1개, 박력분 116g, 버터 60g, 슈거파우더 46g, 소금 2g

필링

우유 150g, 생크림 70g, 달걀노른자 58g, 설탕 30g, 바닐라엑스트렉트 2g

*버터와 달걀은 실온에 둔다.

♦ 만드는 법

1 버터를 볼에 담고 거품기로 부드럽게 푼 뒤 달걀을 넣어서 푼다.

2 박력분과 슈거파우더, 소금을 체 쳐서 넣고 반죽을 뭉친다.

3 완성한 반죽을 랩 위에 올리고 막대 모양으로 접은 뒤 냉장실에서 30분 정도 휴지시킨다.

4 우유와 생크림을 밀크팬에 넣고 1분 20초 정도 중불로 끓인 뒤 설탕과 바닐라엑스트렉트를 넣고 30초 정도 더 끓인다.

5 달걀노른자를 볼에 풀고 **4**를 부으면서 거품기로 저은 뒤 체에 거른다.

6 휴지가 끝난 **3**의 반죽을 6개로 분할하고 머핀 틀에 넣어 모양을 잡는다.

7 포크로 바닥에 구멍을 내고 **5**의 필링을 붓는다.

8 오븐을 200℃로 예열하고 190℃에서 25분 정도 굽는다.

Tip

필링은 반죽의 90%를 채운다

필링을 너무 많이 채우면 구울 때 필링이 부풀어 넘쳐흐른다. 필링이 넘쳐 반죽 바닥까지 스며들면 탈 수 있기 때문에 90% 정도만 채운다.

브런치플레이트

Brunch Plate

찬바람 부는 날이면 속을 따뜻하게 데워주는 감자수프에 담백한 바게트나 잉글리시머핀을 곁들이면 참 든든하고 깔끔하죠. 샐러드로 채소를 보충하고 남은 수프에 빵을 찍어서 먹으면 더 기분 좋은 한끼가 됩니다.

♦ 재료 2인 분량

잉글리시머핀 2개, 감자 300g, 양파 260g, 루콜라 30g, 체다 슬라이스 1장, 방울토마토 4개, 올리브 3개, 우유 300g, 물 100g, 생크림 80g+1작은술(장식용), 버터 30g, 치킨스톡 3g, 올리브유 1큰술, 발사믹식초 1작은술, 후추 약간

* 잉글리시머핀 만드는 법은 p.40 참고

♦ 만드는 법

1 감자는 깍둑썰기 하고 양파는 얇게 채 썬다.

2 달군 프라이팬에 버터를 녹이고 양파를 넣은 뒤 갈색이 될 때까지 중불에서 볶는다.

3 감자를 넣고 볶다가 익으면 우유와 생크림을 넣은 뒤 감자가 으깨질 정도로 끓인다.

4 핸드블렌더로 갈고 물, 치킨스톡, 체다를 넣어 간을 맞춘다.

5 **4**의 감자수프를 그릇에 담고 생크림을 올린 뒤 후추를 뿌린다.

6 루콜라, 방울토마토, 올리브를 볼에 담고 올리브유와 발사믹식초를 두른 뒤 잘 섞는다.

7 잉글리시머핀을 175℃로 예열한 오븐에서 1분 30초 정도 굽고 4등분한다.

8 감자수프에 **6**의 샐러드와 잉글리시머핀을 곁들인다.

Tip

수프를 핸드블렌더로 갈아야 식감이 더 부드럽다

양파는 30분 정도 볶으면 색이 어둡게 변한다. 볶은 양파와 감자를 핸드블렌더로 갈면 걸쭉해지면서 식감이 부드러워진다. 맛도 더 고소하다.

가지베이컨키슈

Eggplant and Bacon Quiche

키슈는 프랑스의 대표적인 달걀 요리로 시금치, 버섯, 토마토 등 여러 가지 채소를 넣어 먹으면 속이 든든합니다. 채소를 좋아하지 않는 아이들도 잘 먹는 메뉴죠. 평소 물컹거리는 가지의 식감을 좋아하지 않던 사람들도 맛있게 먹을 수 있어요.

♦ 재료 20cm 원형 타르트 틀 1개 분량

가지 2개, 달걀 4개, 베이컨 5줄, 박력분 180g, 우유 150g, 버터 100g, 소금 10g, 후추 약간, 달걀물 약간(코팅용)

*버터는 실온에 둔다.

♦ 만드는 법

1 버터를 볼에 넣고 부드럽게 푼 뒤 박력분, 소금 6g을 체 쳐서 넣고 반죽을 뭉친다.

2 달걀 1개를 풀어서 넣고 반죽을 뭉친다.

3 뭉친 반죽을 반으로 접이 유산지에 올리고 1cm의 두께로 편 뒤 30분~1시간 정도 냉장실에서 휴지시킨다.

4 가지는 깍둑썰기 하고 베이컨은 가늘게 자른다.

5 달군 프라이팬에 베이컨을 넣어 볶다가 가지, 소금 2g, 후추를 넣은 뒤 중불에서 볶는다.

6 달걀 3개, 우유, 소금 2g을 볼에 넣고 거품기로 푼다.

7 **3**의 반죽을 꺼내 타르트 틀에 맞춰 팬닝하고 바닥에 포크로 구멍을 낸 뒤 유산지를 깔고 누름돌로 누른다.

8 오븐을 190℃로 예열하고 175℃에서 15분 정도 색이 나도록 굽는다.

9 1차로 구운 반죽을 오븐에서 꺼내고 누름돌을 제거한 뒤 달걀물을 얇게 바르고 오븐에서 5분 정도 더 굽는다.

10 **5**를 넣고 **6**을 부은 뒤 180℃로 예열한 오븐에서 30분 정도 굽는다.

Tip

가지는 베이컨의 기름으로 볶는다

베이컨을 볶으면 기름이 나오는데, 그 기름에 가지를 볶으면 물컹한 식감을 잡을 수 있다. 토핑으로 올리는 가지는 어슷하게 썰기보다 깍둑썰기 하면 먹기에 더 좋다.

몬테크리스토샌드위치

Monte Cristo Sandwich

프랑스식 샌드위치 크로크무슈도 먹고 싶고 바삭한 토스트도 먹고 싶다면 2가지의 매력을 모두 담은 몬테크리스토샌드위치를 추천합니다. 과하지 않은 단맛의 블루베리잼을 더해 톡톡 터지는 즐거움까지 있죠. 달콤한 맛과 짠맛이 어우러지는 중독성 있는 메뉴입니다.

♦ 재료 1개 분량

풀먼식빵 3장, 햄 슬라이스 5장, 모차렐라 슬라이스 2장, 달걀 2개, 블루베리잼 2큰술, 허니머스터드 1큰술, 식용유 적당량, 슈거파우더 약간(장식용)

*풀먼식빵 만드는 법은 p.54 참고

♦ 만드는 법

1 식빵 1장에 블루베리잼을 바르고 모차렐라를 2장 올린 뒤 식빵 1장을 덮고 허니머스터드를 바른 다음 햄을 겹쳐서 올리고 나머지 식빵 1장으로 덮는다.

2 달걀 2개를 풀고 **1**을 넣어 충분히 적신다.

3 튀김 냄비에 식용유를 넉넉히 붓고 170℃까지 끓인 뒤 **2**의 식빵을 넣어 앞뒤로 1분 30초 정도 튀긴다.

4 트레이에 올리고 기름을 뺀다.

5 살짝 식으면 슈거파우더를 뿌린다.

Tip

식빵 속까지 달걀물에 촉촉하게 적신다

몬테크리스토샌드위치는 겹겹이 쌓아서 속까지 달걀물이 닿지 않을 수도 있다. 속이 튀어나오지 않도록 잘 잡고 사방으로 돌리며 골고루 달걀물을 적신다. 겉은 바삭하고 속은 촉촉한 식감을 살릴 수 있다.

버섯불고기피자

Mushroom and Bulgogi Pizza

채소와 소고기, 버섯을 넣은 영양 가득한 피자입니다. 남은 불고기가 있을 때 활용하기 좋아요. 버섯을 짭조름한 굴소스와 간장으로 양념해서 느끼하지 않습니다. 버섯 대신 가지, 파프리카 등으로 다양하게 변형해도 좋아요.

♦ 재료 15cm 피자 2개 분량

양송이버섯 12개, 느타리버섯 300g, 불고기 150g, 강력분 225g+약간(덧가루용), 모차렐라 200g, 물 120g, 진간장 6큰술, 마늘 다진 것 2큰술, 굴소스 2큰술, 설탕 3g, 소금 2g, 드라이이스트(고당용) 2g, 그라나파다노 약간(장식용), 옥수수가루 약간(덧가루용)

♦ 만드는 법

1 강력분을 체 쳐서 볼에 넣고 설탕, 소금, 드라이이스트를 넣은 뒤 잘 섞는다.

2 미지근한 물을 넣고 반죽이 매끈해질 때까지 15분 정도 치댄다.

3 강력분을 덧가루로 뿌리고 매끄러운 반죽을 둥글게 만든 뒤 오븐 안에 뜨거운 물 1컵을 함께 넣고 1시간 20분 정도 1차 발효한다.

4 발효가 끝난 반죽에서 가스를 빼고 2개로 분할한다.

5 반죽에 옥수수가루를 뿌리고 15cm 정도 크기로 민 뒤 모차렐라를 올린다.

6 굴소스, 진간장, 마늘을 볼에 넣고 섞는다.

7 달군 프라이팬에 느타리버섯을 볶아 수분을 날리고 **6**의 소스를 넣은 뒤 볶는다.

8 **7**을 **5**의 도우 위에 올리고 불고기를 올린다.

9 양송이버섯을 슬라이스해서 올리고 그라나파다노를 치즈 그레이터로 갈아서 뿌린다.

10 200℃로 예열한 오븐에서 17분 정도 굽는다.

Tip

그라나파다노로 풍미를 더한다

숙성 기간이 짧은 그라나파다노는 요리에 잘 어울리는 치즈다. 양송이버섯을 올리고 그라나파다노를 흰 눈이 내린 듯 듬뿍 갈아서 올리면 양송이버섯의 담백함과 치즈의 감칠맛을 진하게 느낄 수 있다.

소시지빵

Sausage Bread

소금빵은 반죽에 버터를 넣어 고소한 버터의 풍미가 코를 자극해 아침을 얼른 시작하게 만드는 빵이에요. 담백한 빵에 플뢰르드셀을 뿌려 짭조름한 맛이 있죠. 소시지의 뽀득거리는 식감이 아침 식사를 든든하게 해요.

♦ **재료** 2개 분량

소금빵 2개, 소시지 2개, 할라페뇨 8조각, 케첩 20g, 플뢰르드셀 1꼬집(토핑용), 초코데코펜(장식용) 1개, 허니머스터드 약간

*소금빵 만드는 법은 p.43 참고

♦ **만드는 법**

1 소금빵을 반으로 자르고 소시지는 0.5cm 간격으로 칼집을 낸다.

2 끓는 물에 소시지를 넣고 30~40초 정도 데친다.

3 소금빵에 허니머스터드를 바르고 할라페뇨를 올린 뒤 소시지를 넣는다.

4 케첩을 뿌리고 소금빵 한쪽으로 덮는다.

5 윗부분에 플뢰르드셀을 뿌린다.

6 초코데코펜으로 원하는 표정을 그린다.

Tip

칼집을 내고 표정을 그려 재미있게 만든다

소시지빵은 치아를 보이며 개구지게 웃는 듯한 모습을 연상시킨다. 소시지를 조각내지 않고 0.5cm 간격으로 칼집을 낸 뒤 끓는 물에 데치면 살짝 휘어서 웃는 모습을 표현할 수 있다. 초코데코펜으로 눈을 그려 주면 더욱 재미있다.

과일생크림샌드위치

Fruits and Fresh Cream Sandwich

하얀 벽에 둘러싸인 예쁜 카페에서 인기 있는 메뉴입니다. 좋아하는 과일을 잔뜩 넣어 달콤한 크림과 함께 한입 베어 물면 달콤한 행복에 빠집니다. 따뜻한 아메리카노와 잘 어울리는 산뜻한 과일생크림샌드위치입니다.

♦ 재료 1개 분량

풀먼식빵 2장, 딸기 3개, 키위 2개, 바나나 $\frac{2}{3}$개, 생크림 150g, 설탕 10g, 연유 5g

*풀먼식빵 만드는 법은 p.54 참고

♦ 만드는 법

1 바나나는 껍질을 제거해 3등분하고 딸기는 꼭지를 제거하고 깨끗이 씻어 물기를 거둔다. 키위는 껍질을 제거하고 양끝 꼭지 부분만 자르고 그대로 사용한다.

2 얼음물 위에 볼을 올리고 생크림, 설탕, 연유를 넣은 뒤 핸드믹서 고속으로 1분 30초 정도 휘핑한다.

3 랩을 깔고 식빵 1장을 올린 뒤 **2**의 크림을 듬뿍 바르고 과일을 순서대로 올린다.

4 다른 식빵 1장에도 크림을 바르고 덮은 뒤 랩을 밀착해 고정시킨다.

5 냉장실에 30분 정도 둔다.

6 식빵 테두리를 자르고 과일 모양이 보이도록 반으로 자른다.

Tip

랩 위에서 샌드위치를 만든다

랩 위에서 샌드위치를 만들면 모양이 흐트러지지 않게 완성할 수 있다. 랩을 감싼 상태에서 자르면 반듯하게 자르기 쉽다. 과일은 가운데 올려야 잘랐을 때 과일의 단면이 보여서 예쁘다.

하드롤과 명란크림파스타

Hard Roll and Cream Pasta with Salted Pollack Roe

크림파스타는 자칫하면 느끼할 수 있지만 톡톡 씹히는 식감이 재미있는 명란을 넣으면 짭조름한 맛이 더해져 크림의 고소함과 잘 어울려요. 마치 레스토랑에 온 듯한 특별한 메뉴로 맛있는 한끼를 만들어보세요.

♦ 재료 1인 분량

하드롤 1개, 스파게티 120g, 명란젓 50g, 생크림 200g, 면수 45g, 달걀노른자 1개, 마늘 편으로 썬 것 30g, 올리브유 2큰술, 마늘 다진 것 1작은술, 소금 약간, 후추 약간, 파슬리 말린 것 약간(장식용)

* 하드롤 만드는 법은 p.47 참고

♦ 만드는 법

1 냄비에 물을 끓이고 스파게티를 넣어 8분 정도 삶는다.
2 명란젓을 반으로 가르고 칼등으로 긁어내며 막을 제거한다.
3 달군 프라이팬에 올리브유를 두르고 마늘 다진 것과 편으로 썬 것을 넣어 볶는다.
4 1의 스파게티를 넣고 1분 정도 볶는다.
5 생크림과 면수, 소금, 후추를 넣고 잘 섞는다.
6 2의 명란젓을 넣고 잘 섞은 뒤 달걀노른자를 넣고 빠르게 섞는다.
7 하드롤 윗부분을 자르고 칼로 속을 파낸 뒤 6의 명란크림파스타를 담고 파슬리를 뿌린다.

Tip

하드롤은 속을 파낸다

하드롤은 바닥까지 칼이 닿지 않도록 칼을 세워서 속만 파낸다. 바닥이 뚫리거나 너무 얇으면 소스가 빨리 흡수돼 접시로 흐르고 하드롤이 눅눅해질 수 있다.

연어베이글샌드위치

Salmon Bagel Sandwich

연어를 빵과 함께 먹는 것이 낯설 수도 있지만 한번 먹어보면 잊을 수 없죠. 연어를 두툼하게 손질해 쫄깃한 베이글에 넣어 샌드위치를 만들면 든든한 한끼 식사로도 손색이 없어요. 생연어, 훈제연어 등 취향대로 만들어 보세요.

♦ 재료 1개 분량

베이글 1개, 연어 130g, 양상추 3장, 양파 $\frac{1}{2}$개, 피클 30g, 올리고당 15g, 디종머스터드 15g, 마요네즈 3큰술, 레몬즙 2큰술, 맛술 2작은술, 소금 3g, 후추 3g

* 베이글 만드는 법은 p.50 참고

♦ 만드는 법

1 연어는 흐르는 물에 가볍게 세척하고 키친타월로 물기를 제거한 뒤 맛술을 바른다.

2 양파와 피클을 다지고 볼에 담은 뒤 올리고당, 마요네즈, 레몬즙, 소금, 후추를 넣고 섞는다.

3 165℃로 예열한 오븐에 물 1컵을 넣고 베이글을 반으로 잘라 넣은 뒤 2분 30초 정도 굽는다.

4 연어를 0.5~1cm 두께로 자른다.

5 베이글 한쪽에 디종머스터드를 바르고 양상추와 **2**의 소스를 올린 뒤 연어를 올린다.

Tip

연어에 맛술을 발라 비린내를 잡는다

연어의 비린내가 걱정된다면 맛술을 바르고 랩을 씌운 뒤 10분 정도 둔다. 맛술로 연어의 비린내를 잡고 감칠맛을 낼 수 있다.

브리파스트라미샌드위치

Brie Pastrami Sandwich

파스트라미는 소고기를 훈연한 것입니다. 브리의 부드러운 맛과 흑후추의 감칠맛이 무척 잘 어울리는 샌드위치로 레드와인과 멋진 조합을 이루죠. 상큼한 양배추피클을 곁들인다면 치즈가 다양하지 않아도 만족스러운 홈파티를 즐길 수 있을 거예요.

♦ 재료 3개 분량

하드롤 ½개, 파스트라미 3장, 브리 ½개, 양파 다진 것 20g, 마요네즈 15g, 칠리소스 6g, 굴소스 5g, 레몬즙 5g, 후추 3g, 로즈메리 약간(장식용)

* 하드롤 만드는 법은 p.47 참고

♦ 만드는 법

1 양파, 마요네즈, 칠리소스, 굴소스, 레몬즙, 후추를 볼에 담고 골고루 섞는다.

2 하드롤은 0.5~1cm 두께로 슬라이스하고 170℃로 예열한 오븐에서 1분 30초 정도 굽는다.

3 구운 하드롤에 **1**의 소스를 바른다.

4 파스트라미를 반으로 접고 사선으로 한번 더 접은 뒤 하드롤 위에 올린다.

5 브리를 3등분해서 빵 위에 올리고 로즈메리로 장식한다.

Tip

브리는 웨지 모양으로 자른다

브리는 쫀득하지만 진한 우유맛이 느껴질 때 입안에서 녹아버리는 부드러운 치즈다. 두껍게 웨지 모양으로 자른 뒤 하드롤 위에 올리면 장식도 되고 풍부한 맛까지 즐길 수 있다.

살라미피자

Salami Pizza

맥주, 와인 등과 함께 먹기 좋은 살라미를 피자 토핑으로 올렸습니다. 안주로 환상의 맛이죠. 알싸하면서 매콤한 맛과 짭조름한 맛이 조화로워 별다른 토핑이 없어도 충분합니다.

♦ 재료 30cm 피자 1개 분량

미니 파프리카 1개, 양파 ½개, 모차렐라 270g, 중력분 210g, 물 130g, 살라미 110g, 토마토소스 70g, 설탕 14g, 포도씨유 12g, 드라이이스트(저당용) 5g, 소금 3g, 옥수수가루 약간(덧가루용), 로즈메리 약간(장식용)

♦ 만드는 법

1 중력분을 체 쳐서 볼에 넣고 홈을 3개 파서 각각 설탕, 드라이이스트, 소금을 넣는다.

2 미지근한 물을 붓고 10분 정도 반죽을 치댄 뒤 포도씨유를 넣고 다시 10분 정도 반죽을 치댄다.

3 매끄러운 반죽을 볼에 담고 랩을 씌운 뒤 1시간 30분 정도 1차 발효한다.

4 반죽에서 가스를 빼고 옥수수가루를 뿌린 뒤 밀대로 피자 모양으로 민다.

5 반죽을 피자 팬에 올리고 포크로 구멍을 낸다. 반죽이 부풀지 않고 골고루 익는다.

6 토마토소스를 바르고 모차렐라를 뿌린다.

7 양파를 채 썰어 올리고 살라미를 겹쳐서 가지런히 올린다.

8 190℃로 예열한 오븐에서 16분 정도 굽는다.

9 미니 파프리카는 씨를 제거하고 슬라이스한 뒤 로즈메리와 함께 피자 위에 올린다.

Tip

반죽을 피자 팬에 올리고 가장자리를 접는다

반죽을 얇게 밀면 더 쫄깃쫄깃하다. 반죽을 평평하게 펴고 가장자리를 접어서 마무리하면 소스와 치즈가 넘치지 않아 깔끔하게 구울 수 있다.

PART 3
달콤한 디저트

카페 하면 떠오르는 디저트는 달콤한 종류가 많습니다.
크림의 촉촉하면서 달콤한 맛, 초콜릿의 쌉싸름하면서 달콤한 맛,
과일의 상큼하면서 달콤한 맛 등 다양한 재료를 활용한
달콤한 메뉴가 눈과 입을 사로잡죠.
진한 커피, 때로는 은은한 홍차와 어울리는
달콤한 메뉴를 만들어볼까요?

치즈케이크바
Cheese Cake Bar

재료와 토핑, 굽는 방법에 따라 치즈케이크는 무척 다양한 종류가 있습니다. 그중 크림치즈를 사용해 구운 기본 치즈케이크를 소개할게요. 막대에 꽂아 간편하게 만들고 따뜻한 아메리카노와 즐기면 좀 더 특별하죠.

♦ 재료 23cm×45cm 사각형 틀 1개 분량

크림치즈 375g, 사워크림 165g, 화이트초콜릿 150g, 달걀 137g, 설탕 120g, 옥수수전분 11g, 바닐라엑스트렉트 4g, 막대 8개

*크림치즈는 실온에 둔다.

♦ 만드는 법

1 화이트초콜릿은 중탕으로 녹인다.

2 달걀을 볼에 담고 거품기로 잘 푼다.

3 크림치즈를 볼에 넣고 부드럽게 푼 뒤 사워크림과 설탕을 넣고 잘 섞은 다음 **2**의 달걀을 넣고 다시 잘 섞는다.

4 **1**의 화이트초콜릿과 바닐라엑스트렉트를 넣고 거품기로 잘 섞는다.

5 옥수수전분을 체 쳐서 넣고 잘 섞는다.

6 유산지를 깐 틀에 **5**를 붓고 170℃로 예열한 오븐에 넣은 뒤 중탕으로 60분 정도 굽는다.

7 구운 치즈케이크를 한 김 식히고 랩을 씌운 뒤 3시간 이상 냉장 보관한다.

8 치즈케이크를 틀에서 분리하고 유산지를 제거한 뒤 8등분한다.

9 치즈케이크 중간에 살짝 칼집을 내고 막대를 끼운다.

Tip

치즈케이크는 냉장고에서 숙성한 뒤 자른다

치즈케이크를 냉장실에 넣어 3시간에서 하루 정도 숙성시키면 자르기도 쉽고 풍미도 더 깊어진다. 케이크를 자른 뒤 막대를 끼워야 부서지지 않는다.

단호박바스크치즈케이크

Basque Cheese Cake with Pumpkin

바스크치즈케이크는 스페인에서 유래된 디저트로 윗면을 진하게 굽고 스모키 향을 더해서 만듭니다. 맛은 수분을 머금은 군고구마 같죠. 이 케이크는 만든 날 바로 먹는 것보다 냉장실에서 하루 정도 숙성시킨 뒤 아메리카노와 함께 먹는 게 가장 맛있습니다. 하루 정도 냉장 보관하면 더 예쁘게 자를 수 있어요.

♦ 재료 15cm 원형 틀 1개 분량

크림치즈 300g, 생크림 175g, 단호박 175g, 달걀 80g, 설탕 72g, 박력분 25g

*크림치즈는 실온에 둔다.

♦ 만드는 법

1 크림치즈를 볼에 넣고 거품기로 부드럽게 푼 뒤 설탕을 넣고 입자가 녹을 때까지 섞는다.

2 다른 볼에 달걀을 넣고 거품기로 푼 뒤 **1**에 3번에 나눠 넣으며 잘 섞는다.

3 단호박은 껍질과 씨를 제거하고 깍둑썰기 해서 유리그릇에 담은 뒤 랩을 씌우고 전자레인지에서 6~7분 정도 익힌다.

4 단호박을 으깨서 부드러운 상태로 만든 뒤 생크림과 함께 믹서에 넣고 부드럽게 간다.

5 **2**의 크림치즈 반죽에 **4**를 넣고 스패출러로 잘 섞은 뒤 박력분을 체 쳐서 넣고 거품기로 잘 섞는다.

6 **5**를 체에 한번 거르고 유산지를 자연스럽게 구겨서 깐 틀에 붓는다.

7 220℃로 예열한 오븐에서 35분 정도 굽는다.

8 바로 꺼내지 말고 문을 살짝 연 뒤 15분 정도 기다린 다음 꺼내고 한 김 식으면 유산지를 덮어서 하루 정도 냉장 보관한다. 먹기 전에 유산지를 뗀다.

Tip

단호박은 전자레인지에서 익힌다

단호박을 찜기에 찌면 수분이 너무 많다. 껍질과 씨를 깔끔하게 제거하고 깍둑썰기 한 뒤 그릇에 담고 랩을 씌워 전자레인지에서 익히면 빠르고 간편하게 익힐 수 있다.

티라미수타르트

Tiramisu Tarte

한입 베어 물면 그윽하게 퍼지는 커피 향과 부드러운 크림 덕분에 기운이 나는 디저트입니다. 흔하지만 그만큼 맛있게 만들기는 쉽지 않고 만드는 방법도 다양하죠. 집에서 쉽게 만들 수 있는 색다른 티라미수타르트를 소개합니다.

♦ 재료 6cm 틀 4개 분량

달걀 2개, 마스카르포네 250g, 생크림 225g, 박력분 110g, 설탕 62g, 버터 60g, 물 45g, 슈거파우더 40g, 다크초콜릿 20g, 코코아가루 18g+10g(장식용), 연유 8g, 인스턴트커피 6g, 옥수수전분 4g, 소금 2g

*버터는 실온에 둔다.

♦ 만드는 법

1 버터를 볼에 넣어 부드럽게 푼다.

2 소금과 슈거파우더를 넣고 스패출러로 섞는다.

3 달걀 1개를 손거품기로 풀고 **2**에 넣어 잘 섞는다.

4 코코아가루, 박력분을 체 쳐서 넣고 스패출러로 볼 벽쪽에 반죽을 바르듯 문지르기를 반복한 뒤 한덩어리로 뭉친다.

5 반죽을 유산지 위에서 반으로 접고 밀대로 밀어서 편 뒤 냉장실에서 1시간~1시간 30분 정도 휴지시킨다.

6 다른 볼에 마스카르포네와 설탕을 넣고 부드럽게 섞은 뒤 달걀 1개를 넣고 거품기로 섞는다.

7 다른 볼에 다크초콜릿을 넣고 전자레인지에서 1분 정도 녹인다.

8 뜨거운 물에 인스턴트커피를 넣고 녹인 뒤 **7**에 넣고 섞는다.

9 **8**에 생크림 125g, 옥수수전분을 넣고 섞은 뒤 **6**에 넣고 스패출러로 부드럽게 잘 섞는다.

10 **5**의 반죽을 꺼내고 지름 6cm의 틀로 찍은 뒤 테두리를 얇게 잘라 틀 안쪽에 맞춘다.

11 반죽 위에 유산지를 깔고 누름돌을 누른 뒤 175℃로 예열한 오븐에서 15분 정도 굽는다.

12 **9**의 초콜릿을 채우고 170℃로 예열한 오븐에서 중탕으로 다시 30분 정도 굽는다.

13 생크림 100g과 연유를 볼에 넣고 핸드믹서 중속으로 1분 30~40초 정도 휘핑한다.

14 식은 타르트를 틀에서 분리하고 L자 스패출러로 **13**의 크림을 올려서 정리한 뒤 코코아가루를 체 쳐서 뿌린다.

Tip

커피와 다크초콜릿의 비율을 맞춘다

초콜릿과 커피를 함께 넣어 쌉싸름한 맛을 살린다. 단맛에 집중이 되는 맛이 아닌 쌉싸름한 커피와 초콜릿이 잘 어우러지고 커피의 풍미를 느낄 수 있도록 다크초콜릿을 사용한다. 장식용 코코아가루는 코팅용을 사용해야 흡수되지 않는다.

레몬젤리치즈케이크

Lemon Jelly Cheese Cake

레몬은 생각만 해도 시큼하면서 새콤함 맛에 침이 고여요. 생으로 먹기에는 적응이 안 되는 맛이지만 요리와 디저트에는 자주 사용합니다. 시트러스한 맛을 좋아한다면 치즈케이크와 탱글탱글한 레몬젤리의 조합을 좋아할 거예요.

♦ 재료 20cm×8cm 사각 무스 틀 1개 분량

크림치즈 165g, 생크림 165g, 통밀과자 75g, 설탕 50g, 플레인요거트 45g, 버터 29g, 따뜻한 물 20g, 레몬즙 9g, 가루젤라틴 4g, 바닐라빈 1개

레몬젤리 물 75g, 설탕 60g, 가루젤라틴 3g, 레몬 2개

장식용 크림 생크림 160g, 설탕 13g, 레몬 슬라이스 6조각, 애플민트 약간

*생크림, 플레인요거트, 크림치즈는 실온에 둔다.

♦ 만드는 법

1 통밀과자를 곱게 으깨고 버터를 녹여서 넣은 뒤 섞는다.

2 무스 틀 바닥에 랩을 씌우고 **1**을 빈틈없이 꾹꾹 눌러 깐 뒤 냉장실에서 30분~1시간 정도 굳힌다.

3 볼에 가루젤라틴과 따뜻한 물 20g을 붓고 50초 정도 녹인다.

4 생크림을 다른 볼에 넣고 60~70% 정도 휘핑한 뒤 바닐라빈 씨를 긁어서 넣는다.

5 플레인요거트에 **3**을 붓고 섞은 뒤 크림치즈와 설탕을 넣고 부드럽게 푼다.

6 **4**의 생크림과 레몬즙을 넣고 섞는다.

7 **2**를 꺼내 **6**을 채우고 냉장실에서 3~5시간 정도 굳힌다.

8 물 15g에 레몬젤리용 가루젤라틴을 넣고 푼다.

9 물 60g과 설탕을 밀크팬에 넣고 레몬즙을 짜서 넣은 뒤 1분~1분 30초 정도 끓이고 불을 끈다.

10 **8**의 젤라틴을 넣어 레몬젤리를 만든다.

11 **7**을 꺼내고 **10**을 0.5~1cm 두께로 부은 뒤 냉장실에서 1~3시간 정도 굳힌다.

12 생크림과 설탕을 볼에 넣고 핸드믹서 중속으로 1분 40~50초 정도 휘핑해 장식용 크림을 만든다.

13 짜주머니에 869k 깍지를 끼우고 **12**의 크림을 넣은 뒤 치즈케이크 위에 회오리 모양으로 짠다.

14 크림 위에 레몬 슬라이스를 올리고 애플민트로 장식한다.

Tip

가루젤라틴으로 젤리를 만든다

젤라틴 대신 한천을 사용할 수도 있지만 한천은 퍼석퍼석해서 젤리보다는 양갱, 잼, 셔벗 등에 어울린다. 젤라틴을 사용해야 더 부드럽고 투명도가 높은, 원하는 색감의 젤리를 만들 수 있다.

통멜론케이크

Melon Cake

과육을 파내고 남은 멜론 껍질을 케이스처럼 사용하는 재미있는 케이크입니다. 촉촉한 시트와 과일을 층층이 쌓아 단면이 예쁜 케이크죠. 어려운 아이싱이 없어도 멋진 케이크를 완성할 수 있어요.

♦ 재료 1개 분량

멜론 1개, 키위 2개, 생크림 200g, 달걀흰자 90g(3개 분량), 설탕 87g, 박력분 80g, 달걀노른자 60g, 우유 30g, 버터 30g

*달걀노른자는 실온에 두고, 달걀흰자는 차갑게 둔다.

♦ 만드는 법

1 뜨거운 물을 받친 볼에 버터와 우유를 넣고 중탕으로 녹인다.

2 다른 볼에 달걀흰자를 넣고 핸드믹서 중속으로 30~40초 정도 거품을 낸다.

3 설탕 72g을 3번에 나눠 넣으며 4분 정도 더 휘핑한 뒤 달걀노른자를 넣고 15초 정도 휘핑한다.

4 박력분을 체 쳐서 넣고 가루가 보이지 않을 때까지 중간에서 위로 가르듯 섞는다.

5 **1**의 버터와 우유를 **4**에 약간 넣어 섞다가 모두 넣고 거품이 죽지 않도록 스패출러로 깊이 떠서 아래에서 위를 가르듯 섞는다.

6 유산지를 깐 팬에 반죽을 담고 스크래퍼로 평평하게 정리한다.

7 200℃로 예열한 오븐에서 11분 정도 굽고 꺼내서 유산지를 제거한 뒤 한 김 식히고 랩을 씌운다.

8 원형 틀을 사용해 케이크시트를 일정하게 6개로 만든다.

9 멜론은 꼭지 부분을 자르고 숟가락으로 과육과 씨를 파낸다. 과육은 큼직하게 판다.

10 키위는 껍질을 제거하고 슬라이스한다.

11 생크림과 설탕 15g을 볼에 넣고 핸드믹서로 1분 30초 정도 휘핑한다.

12 과육을 파낸 멜론 안에 **8**의 케이크시트, **11**의 크림, 멜론 과육과 키위를 순서대로 번갈아가며 넣는다.

13 완성한 통멜론케이크는 뚜껑을 덮고 냉장실에서 30분 정도 두었다가 꺼내 반으로 자른다.

Tip

케이크시트는 원형 틀로 일정하게 자른다

멜론 안에 넣는 시트를 일정한 크기로 만들기 위해 원형 모양의 무스링 틀 또는 쿠키 틀을 사용한다. 일정한 크기로 만들어서 크림과 과일을 순서대로 올리면 케이크를 잘랐을 때 단면이 깔끔하고 예쁘다.

루비초콜릿테린

Ruby Chocolate Terrine

생초콜릿을 먹는 듯한 진득한 식감과 루비초콜릿의 새콤한 맛이 매력적인 디저트입니다. 루비초콜릿은 요즘 인기 있는 초콜릿으로 자연스러운 새콤한 맛과 단맛이 무척 독특해요. 테린은 만든 날 바로 먹는 것보다 하루 정도 냉장실에서 숙성시키면 더 맛있어요.

♦ 재료 18cm 파운드 틀 1개 분량

달걀 4개, 루비초콜릿 200g, 생크림 170g, 버터 70g, 설탕 66g, 옥수수전분 4g, 딸기 적당량, 슈거파우더 약간

*달걀은 실온에 둔다.

♦ 만드는 법

1 달걀과 설탕 60g을 볼에 넣고 푼다.

2 루비초콜릿은 중탕으로 녹인다.

3 버터를 전자레인지에서 40초 정도 데우고 **2**에 넣는다.

4 생크림 70g을 전자레인지에서 40~50초 정도 데우고 **3**에 넣고 섞는다.

5 **1**의 달걀을 넣고 잘 섞은 뒤 옥수수전분을 넣고 섞는다.

6 **5**의 반죽을 체에 한번 거르고 파운드 틀에 부은 뒤 바닥에 2~3번 정도 쳐서 공기를 뺀다.

7 파운드 틀 밑에 넓은 팬을 받치고 뜨거운 물을 붓는다.

8 150℃로 예열한 오븐에서 50분 정도 굽는다.

9 뜨거운 김을 식히고 랩을 씌운 뒤 하루 정도 냉장 보관한다.

10 먹기 5분 전에 꺼내서 틀을 뒤집어 윗면이 바닥으로 오게 한다. 틀에서 분리가 잘 안 되면 토치로 틀 바깥을 달군다.

11 딸기는 길게 슬라이스한다.

12 볼에 생크림 100g, 설탕 6g, 색소를 넣고 핸드믹서로 1분 30초 정도 휘핑한다.

13 짜주머니에 원형 깍지를 끼우고 **12**의 크림을 담은 뒤 테린 위에 짠다.

14 딸기를 올리고 슈거파우더를 뿌린다.

Tip

초콜릿은 중탕으로 녹인다

초콜릿은 중탕으로 녹이며 물의 온도는 50~55℃가 적당하다. 스테인리스스틸 소재의 열전도율이 높은 볼을 사용하고 초콜릿이 뭉치지 않도록 스패출러로 한 방향으로 잘 저어서 녹인다.

딸기블루베리파블로바

Strawberry and Blueberry Pavlova

겉은 바삭하고 안은 폭신폭신한 머랭에 과일과 달콤한 생크림을 올려 먹는 디저트입니다. 흔하게 볼 수 있는 디저트는 아니지만 화려한 매력 때문에 자꾸자꾸 생각날 거예요. 한입 먹었을 때의 사르르 녹는 소리가 참 좋아요.

♦ 재료 **15cm 1개 분량**

딸기 4개, 블루베리 12~15개, 마스카르포네 200g, 달걀흰자 116g, 설탕 136g, 생크림 100g, 옥수수전분 4g, 레몬즙 3g, 딸기리플잼 2큰술, 타임 약간(장식용)

*달걀흰자는 차갑게 둔다.

♦ 만드는 법

1 달걀흰자를 볼에 넣고 핸드믹서 고속으로 20초 정도 휘핑해 거품을 낸다.

2 설탕 116g을 3번에 나눠 넣으며 계속 휘핑한다. 핸드믹서를 올렸을 때 뿔이 생길 정도로 단단한 머랭을 만든다.

3 옥수수전분과 레몬즙을 넣고 스패출러로 잘 섞는다.

4 아이스크림스쿱으로 **3**의 반죽을 떠서 오븐 팬 위에 2스쿱 쌓아 올린다.

5 100℃로 예열한 오븐에서 190분 정도 굽고 문을 열지 말고 잔열로 30분~1시간 정도 완전히 익힌다.

6 마스카르포네와 생크림, 설탕 20g을 볼에 넣고 단단하게 휘핑한다.

7 딸기와 블루베리를 씻고 물기를 제거한 뒤 큰 딸기는 6등분한다.

8 완전히 식은 **5**의 머랭을 그릇에 담고 **6**의 크림, 딸기, 블루베리, 딸기리플잼 순서로 올린 뒤 타임으로 장식한다.

Tip

아이스크림스쿱을 사용하면 편하다

파블로바는 모양이 제각각이지만 원형으로 만드는 것이 가장 예쁘다. 아이스크림스쿱으로 머랭을 가볍게 섞고 스쿱에 가득 채운 뒤 2개를 쌓는다. 스쿱 바닥으로 가볍게 누르면 살짝 납작해져서 더 예쁜 모양이 된다.

초콜릿구겔호프

Chocolate Gugelhopf

왕관을 연상시키는 파운드케이크입니다. 연말에는 허브와 과일로 장식해서 화려하고 예쁜 구겔호프를 직접 만들어 보세요. 좋아하는 재료를 듬뿍 넣어도 좋고 초코칩을 넣어 오도독 씹는 재미를 느껴도 좋을 거예요.

♦ 재료 16cm 구겔호프 틀 1개 분량

박력분 155g, 설탕 155g, 달걀 155g, 버터 155g+약간(코팅용), 우유 90g, 다크초콜릿 40g, 초콜릿칩 20g+20~25개(장식용), 코코아가루 15g, 소금 3g, 베이킹파우더 2g

아이싱

슈거파우더 100g, 우유 20g

*버터와 우유는 실온에 둔다.

♦ 만드는 법

1 버터를 볼에 넣고 부드럽게 푼 뒤 설탕을 3번에 나눠 넣고 입자가 보이지 않을 정도로 골고루 섞는다.

2 다크초콜릿을 중탕으로 녹여서 넣고 잘 섞는다.

3 달걀을 거품기로 풀어서 넣고 핸드믹서로 잘 섞는다.

4 박력분, 코코아가루, 소금, 베이킹파우더를 체 쳐서 넣고 골고루 섞는다.

5 초콜릿칩과 우유를 넣고 빠르게 섞는다.

6 구겔호프 틀에 버터를 바르고 **5**의 반죽을 60~70% 정도 채운 뒤 반죽을 벽 쪽으로 붙이고 윗면을 반듯하게 정리한 다음 바닥에 쳐서 공기를 뺀다.

7 170℃로 예열한 오븐에서 35분 정도 구운 뒤 한 김 식힌다.

8 슈거파우더와 우유를 볼에 넣고 거품기로 곱게 푼다.

9 식은 구겔호프 위에 **8**을 뿌리고 초콜릿칩으로 장식한다.

Tip

아이싱용 슈거파우더에 우유를 섞는다

달콤함을 끌어 올리는 아이싱을 더한다. 잘 녹고 입자가 작은 슈거파우더에 우유를 넣고 부드럽게 풀어주면 다소 퍽퍽할 수 있는 빵의 식감과 부드러운 아이싱이 잘 어울린다. 우유가 많아서 농도가 묽어졌다면 아이싱을 2번 정도 반복하는 게 좋다.

오렌지치즈머핀

Orange Cheese Muffin

오렌지 향이 가득한 머핀에 크림치즈프로스팅을 듬뿍 올려 치즈의 풍미를 더했습니다. 만들기가 어렵지 않아서 아이들과 함께 만들어 간식으로 먹으면 좋아요. 잘게 자른 과육 잼으로 포인트를 주면 더 귀여운 머핀이 완성됩니다.

♦ 재료 5cm 12개 분량

박력분 300g, 버터 180g, 달걀 180g, 설탕 168g, 우유 105g, 오렌지필 100g, 황치즈가루 35g, 사워크림 30g, 베이킹파우더 4g, 소금 3g, 베이킹소다 2g, 오렌지잼 약간(장식용), 오렌지제스트 약간(장식용)

크림치즈프로스팅

크림치즈 400g, 슈거파우더 300g, 버터 112g, 바닐라엑스트렉트 3g

*버터는 실온에 둔다.

♦ 만드는 법

1 박력분, 황치즈가루, 베이킹파우더, 소금, 베이킹소다는 체 치고 거품기로 섞는다.

2 버터를 볼에 넣고 핸드믹서로 마요네즈처럼 부드럽게 푼 뒤 설탕을 넣고 입자가 보이지 않을 정도로 섞는다.

3 달걀을 풀어서 3번에 나눠 넣는다.

4 **1**의 가루류를 넣고 가루가 보이지 않을 정도로만 스패출러로 섞는다.

5 오렌지필과 사워크림을 넣고 섞은 뒤 우유를 붓고 거품기로 가볍게 윤기가 나도록 섞는다.

6 반죽을 짜주머니에 넣고 머핀 틀에 유산지를 깐 뒤 50% 정도 반죽을 채운 다음 양을 확인하고 70%까지 채운다.

7 180℃로 예열한 오븐에서 18분 정도 구운 뒤 틀에서 꺼내 식힘망에서 식힌다.

8 크림치즈와 버터를 볼에 넣고 부드럽게 푼 뒤 슈거파우더를 체쳐서 넣고 바닐라엑스트렉트를 넣은 다음 스패출러로 섞어 크림치즈프로스팅을 만든다.

9 **7**의 머핀 위에 **8**의 크림치즈를 올리고 L자 스패출러로 각진 모양을 잡는다.

10 오렌지잼과 오렌지제스트로 장식한다.

Tip

L자 스패출러로 모양을 잡는다

머핀 크기의 디저트를 아이싱하거나 프로스팅할 때는 작은 사이즈의 L자 스패출러를 사용하면 편하다. 크기에 맞는 도구를 사용하면 더 섬세하게 원하는 모양을 만들 수 있다.

초콜릿크럼블과 마스카르포네

Chocolate Crumble and Mascarpone

어릴 적 소보로빵을 먹을 때면 달콤한 소보로 부분만 먹고 싶다고 생각했어요. 그래서 빵 모양이 엉망이 되도록 소보로만 먹었던 기억이 있네요. 빵보다 소보로를 더 좋아한다면 큼직하게 크럼블을 만들어 마스카르포네를 올리고 헤이즐넛커피와 함께 드셔보세요. 바삭한 식감 덕분에 더 재미있는 디저트입니다.

♦ 재료 2인 분량

버터 100g, 아몬드가루 100g, 박력분 100g, 설탕 75g, 코코아가루 15g, 소금 2g, 마스카르포네 2스쿱, 딸기 14개

* 버터는 차갑게 둔다.

♦ 만드는 법

1 아몬드가루, 박력분, 설탕, 코코아가루, 소금을 체 쳐서 볼에 넣고 섞는다.

2 버터를 깍둑썰기 해서 넣고 스크래퍼로 자르듯이 섞는다.

3 버터를 잘게 부숴 가루와 뭉치면서 원하는 크기로 반죽을 만든다.

4 쿠키 팬에 반죽을 올리고 원하는 크기로 뭉친 뒤 냉장실에서 30분 정도 휴지시킨다.

5 180℃로 예열한 오븐에서 25분 정도 구운 뒤 한 김 식힌다.

6 5의 크럼블을 그릇에 담고 마스카르포네를 아이스크림스쿱으로 떠서 올린 뒤 딸기를 두른다.

Tip

원하는 크기로 만들어 냉장실에서 휴지시킨다

버터가 녹지 않도록 주의하며 크럼블 반죽을 원하는 크기로 만든 뒤 냉장실에서 휴지시킨다. 크럼블이 더욱 바삭해지고 모양이 흐트러지지 않는다.

미니팬케이크와 시리얼

Mini Pancake and Cereal

팬케이크를 노릇노릇하게 구워서 간편한 시리얼 형태로 만든 메뉴입니다. 작은 크기로 만들어서 겉을 바삭하게 구우면 우유와 함께 먹는 시리얼처럼 든든하죠. 좋아하는 과일을 올려 좀 더 다채롭게 만들어보세요.

♦ 재료 2인 분량

블루베리 12개, 우유 180g, 박력분 150g, 버터 40g, 달걀 1개, 설탕 35g, 카놀라유 5g, 베이킹파우더 4g, 바닐라엑스트렉트 3g, 소금 1g, 애플민트 약간

* 달걀, 우유는 실온에 둔다.

♦ 만드는 법

1 버터를 중탕으로 녹인다.

2 우유를 볼에 넣고 버터와 달걀을 넣은 뒤 거품기로 섞는다.

3 다른 볼에 박력분, 설탕, 베이킹파우더, 소금을 체 쳐서 넣고 잘 섞는다.

4 2를 넣고 거품기로 뭉치지 않게 잘 섞는다.

5 바닐라엑스트렉트를 넣고 섞은 뒤 소스통에 넣는다.

6 프라이팬에 카놀라유를 두르고 키친타월로 한번 닦는다.

7 반죽을 동전 크기로 여러 개 짜고 중약불에서 굽는다. 반죽 윗면에 구멍이 올라오면 뒤집어서 노릇하게 굽는다.

8 구운 팬케이크를 시리얼 볼에 담고 블루베리와 애플민트를 올린다.

Tip

반죽을 뒤집는 타이밍을 확인한다

반죽을 입구가 뾰족한 소스통에 넣으면 예쁘게 짤 수 있다. 색이 노릇노릇하게 나올 수 있도록 중약불에서 불을 조절한다. 반죽 윗면에 구멍이 송송 올라오면 뒤집어준다. 여러 번 뒤집기보다 구멍이 올라왔을 때 한번만 뒤집는다.

생크림카스텔라
Fresh Cream Castella

보들보들 촉촉한 카스텔라에 달콤한 생크림을 채워 입안에 넣자마자 사르르 녹는 디저트예요. 포근하고 부드러운 맛 덕분에 자꾸자꾸 먹고 싶어져요. 그냥 먹어도 맛있는 카스텔라지만 생크림을 채워 더 특별하게 즐겨보세요.

♦ 재료 17cm 정사각형 틀 1개

달걀흰자 207g, 생크림 150g, 우유 120g, 달걀노른자 115g, 중력분 100g, 설탕 110g, 버터 100g, 꿀 10g, 바닐라엑스트렉트 4g, 소금 약간

* 달걀노른자는 실온에 두고, 달걀흰자는 차갑게 둔다.

♦ 만드는 법

1 버터와 우유는 중탕으로 따뜻하게 데운다.

2 달걀노른자를 거품기로 가볍게 풀고 꿀을 넣고 **1**을 넣은 뒤 섞는다.

3 중력분을 체 쳐서 넣고 소금, 바닐라엑스트렉트를 넣은 뒤 골고루 섞는다.

4 다른 볼에 달걀흰자를 넣고 핸드믹서 고속으로 휘핑한다. 거품이 올라오면 설탕 100g을 3번에 나눠 넣으며 중속으로 낮춰 휘핑한다. 머랭을 들었을 때 뿔이 부드럽게 휘는 정도가 적당하다.

5 완성한 머랭을 **3**에 2번에 나눠 넣고 거품이 죽지 않도록 스패출러로 위에서 반죽을 자르듯 섞는다.

6 유산지를 깐 정사각형 틀에 반죽을 담는다. 위에서 0.5cm 정도 남겨둔다.

7 젓가락으로 기포를 정리하고 바닥에 한번 내려친다.

8 중탕으로 오븐에 넣고 오븐을 170℃로 예열한 뒤 150℃에서 60분 정도 굽는다.

9 빵을 꺼내 바닥에 한번 치고 유산지를 제거한 뒤 한 김 식혀서 랩을 씌운 다음 하루 정도 냉장 보관한다.

10 생크림과 설탕 10g을 볼에 넣고 핸드믹서로 1분 40초 정도 휘핑한 뒤 원형 깍지를 끼운 짜주머니에 넣는다.

11 **9**의 카스텔라를 4등분하고 바닥 중앙에 젓가락으로 구멍을 낸다.

12 구멍을 낸 부분에 **10**의 생크림을 채운다.

Tip

카스텔라 바닥에 구멍을 내서 생크림을 넣는다

카스텔라 바닥 부분에 젓가락으로 구멍을 내고 생크림을 넣는다. 생크림을 짜주머니에 넣고 원형 깍지나 슈크림 모양 깍지를 사용하면 생크림을 깔끔하게 넣을 수 있다.

말차크레이프 케이크

Malcha Crepe Cake

모든 디저트에는 정성과 시간이 필요하지만 특히 크레이프는 1장씩 만들기에 정성과 수고로움이 더 드는 케이크입니다. 얇고 부드러운 크레이프를 달콤한 크림과 함께 포크로 돌돌 말아서 먹으면 그 수고로움도 사라지는 달콤한 디저트죠.

♦ 재료 18cm 크기 1개 분량

우유 500g, 박력분 125g, 달걀 3개, 설탕 40g, 버터 30g, 말차가루 10g, 카놀라유 1작은술

말차치즈크림

생크림 200g, 크림치즈 100g, 설탕 50g, 말차가루 5g

말차가나슈

생크림 100g, 화이트초콜릿 150g, 버터 25g, 말차가루 6g

* 달걀, 우유, 버터는 실온에 둔다.

♦ 만드는 법

1 버터는 중탕으로 녹인다.

2 볼에 달걀과 설탕을 넣고 푼다.

3 박력분, 말차가루를 체 쳐서 넣고 섞은 뒤 우유를 붓고 거품기로 뭉침 없이 섞는다.

4 **1**을 넣어 섞고 체에 2번 정도 거른 뒤 냉장실에서 2시간 정도 숙성시킨다.

5 프라이팬에 카놀라유를 뿌리고 키친타월로 가볍게 닦은 뒤 **4**의 반죽을 국자로 반 정도 떠서 골고루 펴고 바깥쪽 색이 진해지면 젓가락으로 조금 들어서 젓가락을 넣는다.

6 가운데 젓가락을 둔 상태로 반죽을 서서히 떼고 뒤집는다. 반복해서 크레이프 15장을 부치고 완전히 식힌다.

7 화이트초콜릿을 볼에 담고 중탕으로 녹인 뒤 말차가루를 넣고 섞는다.

8 다른 볼에 생크림을 담고 따뜻한 물을 받쳐 따뜻한 온도로 준비한다.

9 **7**의 초콜릿을 **8**에 3번 나눠 넣고 스패출러로 섞다가 버터를 넣은 뒤 섞어서 30분 정도 냉장 보관해 말차가나슈를 만든다.

Tip

크레이프는 젓가락 하나로 뒤집는다

크레이프는 얇게 부칠수록 맛있다. 하지만 얇게 부치면 뒤집을 때 찢어질 수 있으니 젓가락으로 포를 뜨듯 잡고 중간에 젓가락을 넣은 뒤 뒤집으면 모양이 흐트러지지 않고 찢어지지 않는다.

10 크림치즈를 볼에 넣어 부드럽게 풀고 설탕을 넣은 뒤 골고루 섞는다.

11 생크림과 말차가루를 넣고 핸드믹서 중속으로 1분 30초 휘핑해 말차치즈크림을 만든다.

12 돌림판에 크레이프 1장을 올리고 **11**의 말차치즈크림을 바른다. 크레이프, 말차치즈크림의 순서대로 반복한다.

13 냉장실에서 꺼낸 **9**의 말차가나슈를 케이크 윗면에 바른 뒤 냉동실에서 살짝 굳힌 다음 자른다.

청포도티라미수

Green Grape Tiramisu

조금 색다른 티라미수를 소개합니다. 진한 커피향 대신 상큼한 청포도를 가득 넣은 메뉴예요. 인기 있는 샤인머스캣이나 적포도로 대신해도 됩니다. 롤케이크에 진한 커스터드크림, 상큼한 청포도의 조화가 무척 잘 어울립니다. 보기만큼 맛있고 행복한 디저트예요.

♦ 재료 36.5cm×28cm 그릇 1개 분량

커스터드크림

우유 250g, 생크림 120g, 설탕 69g, 달걀노른자 59g, 버터 18g, 박력분 10g, 옥수수전분 6g, 바닐라빈 $\frac{1}{2}$개

롤케이크 시트

달걀흰자 3개 분량, 달걀노른자 3개 분량, 설탕 86g, 박력분 72g, 우유 30g, 포도씨유 30g, 꿀 8g, 바닐라엑스트렉트 4g, 청포도 20알

♦ 만드는 법

1 우유를 밀크팬에 넣고 바닐라빈 씨를 긁어 넣은 뒤 거품기로 잘 저으며 중약불에서 끓인다.

2 달걀노른자와 설탕 60g을 볼에 넣고 거품기로 섞은 뒤 박력분과 옥수수전분을 체 쳐서 넣고 잘 섞는다.

3 **1**의 우유를 **2**에 천천히 붓고 거품기로 바로 섞는다.

4 밀크팬에 다시 **3**을 붓고 거품기로 저으며 약불에서 끓인다. 가장자리에 기포가 올라오면 40~50초 정도 빠르게 섞는다. 액체처럼 흐물거리지 않는 정도에서 불을 끄고 버터를 넣은 뒤 섞는다.

5 트레이에 랩을 씌우고 **4**를 얇게 편 뒤 랩을 밀착해서 씌운 다음 냉장실에서 30분~1시간 정도 식힌다.

6 달걀노른자와 설탕 51g, 우유, 꿀, 바닐라엑스트렉트를 볼에 넣고 반죽의 색이 연해질 때까지 거품기로 섞는다.

7 다른 볼에 달걀흰자를 넣고 설탕 35g을 3번에 나눠 넣으며 핸드믹서 중속으로 머랭을 만든다. 거품기를 올렸을 때 머랭의 뿔이 서는 정도로 휘핑한다.

8 **6**에 **7**의 머랭을 넣고 아래에서 위로 자르듯 섞는다.

9 머랭이 뭉치지 않고 잘 섞이면 박력분을 체 쳐서 넣은 뒤 가루가 뭉치지 않게 섞은 다음 포도씨유를 넣고 빠르게 섞는다.

Tip

머랭과 반죽은 아래에서 위로 자르듯 섞는다

티라미수를 조합할 때는 높이가 있는 투명한 유리용기에 시트-커스터드크림-청포도 순서로 올린다. 청포도는 먹기 좋게 2등분한 뒤 차곡차곡 올려준다. 롤케이크 시트에 수분이 스며들어 촉촉해진다. 과일을 일정한 간격으로 놓으면 단면을 깔끔하게 자를 수 있다.

10 유산지를 깐 팬에 **9**의 반죽을 넣고 스크래퍼로 평평하게 편 뒤 180℃로 예열한 오븐에서 15~18분 정도 구운 다음 오븐에서 꺼내 유산지를 제거하고 랩을 씌운다.

11 생크림과 설탕 9g을 볼에 넣고 단단하게 휘핑한 뒤 **5**의 크림을 넣고 섞어서 커스터드크림을 만든다.

12 **10**의 롤케이크 시트를 4등분하고 사각형 그릇에 맞춰 끝부분을 정리한다.

13 청포도는 깨끗하게 세척하고 물기를 제거한 뒤 2등분한다.

14 사각형 그릇에 **12**의 롤케이크 시트, **11**의 커스터드크림, 청포도 순서로 2번에 걸쳐 넣는다.

PART 4

재미있는 메뉴

요즘 카페에 가면 아이디어가 넘치는
다양하고 재미있는 메뉴가 참 많아요.
홈카페에서도 얼마든지 새로운 메뉴를 만들 수 있습니다.
자신이 상상하던 대로, 또는 좋아했던 메뉴를 변형해서
재미있는 메뉴를 이것저것 만들어보세요.
홈카페가 한층 더 즐거워질 거예요.

밤송이마들렌

Chestnut Burr Madeleine

밤톨 모양의 틀을 사용해 초콜릿과 깨로 밤 모양을 만든 마들렌입니다. 밤페이스트는 소량으로 팔지 않아서 한번 사면 여러 번 사용하기가 애매한데 밤송이마들렌을 만들면 밤페이스트를 빨리 소진할 수 있어요. 동글동글 귀여운 모양 덕분에 아이들 간식으로도 인기가 많고 밤이 들어가 어른들도 좋아하는 디저트입니다.

♦ 재료 8cm 12개 분량

맛밤 12알, 달걀 2개, 버터 녹인 것 125g, 박력분 115g, 설탕 100g, 밤페이스트 80g, 밀크초콜릿 40g, 꿀 12g, 코코아가루 10g, 다크 럼 5g, 바닐라엑스트렉트 2g, 베이킹파우더 2g, 소금 1g, 참깨 약간

♦ 만드는 법

1 달걀을 볼에 넣고 거품기로 잘 풀다가 설탕을 넣은 뒤 입자가 보이지 않을 때까지 섞는다.

2 밤페이스트를 넣고 부드럽게 푼다.

3 박력분, 코코아가루, 베이킹파우더, 소금을 체 쳐서 넣고 꿀을 넣은 뒤 섞는다.

4 버터와 바닐라엑스트렉트, 다크 럼을 넣고 반죽을 잘 섞은 뒤 짜주머니에 넣고 냉장실에서 1시간 정도 휴지시킨다.

5 냉장고에서 꺼내 5분 정도 실온에 두었다가 마들렌 틀에 70~80% 정도 채운다.

6 반죽 가운데 맛밤을 하나씩 넣고 180℃로 예열한 오븐에서 14~15분 정도 굽는다.

7 마들렌 틀을 바닥에 한번 쳐서 마들렌을 틀에서 비스듬하게 세워 한 김 식힌다.

8 밀크초콜릿을 중탕으로 녹이고 마들렌 넓은 부분에 묻힌다.

9 초콜릿이 묻은 부분에 참깨를 묻히고 트레이에 펼쳐서 초콜릿을 굳힌다.

Tip

초콜릿이 굳기 전에 참깨를 묻힌다

참깨는 취향에 맞게 적당히 묻힌다. 초콜릿이 굳기 전에 참깨를 묻혀야 잘 붙는다. 초콜릿을 더 빨리 굳히고 싶다면 냉동실에 2~3분 정도 둔다.

카스텔라컵푸딩

Castella Cup Pudding

푸딩과 카스텔라를 함께 맛볼 수 있는 컵케이크입니다. 카스텔라가 봉긋하게 올라와 무척 귀여워요. 은은한 맛의 캐러멜시럽과 탱글탱글한 푸딩, 폭신한 카스텔라까지 3가지 맛을 느낄 수 있습니다. 실온에서 한 김 식히고 랩을 씌운 뒤 냉장 보관하면 빵 부분의 숨이 죽지 않고 모양 그대로 유지돼요.

♦ 재료 120g 4개 분량

캐러멜시럽 설탕 60g, 물 50g

푸딩 달걀노른자 2개 분량, 우유 200g, 생크림 100g, 설탕 55g, 바닐라엑스트렉드 3g

스펀지케이크 달걀 2개, 박력분 25g, 설탕 20g, 우유 20g, 버터 10g

♦ 만드는 법

1 설탕과 물 40g을 밀크팬에 넣고 중불에서 끓인 뒤 입자가 다 녹을 때까지 젓지 말고 밀크팬을 돌린다.

2 설탕이 녹고 갈색을 띠면서 색이 어두워지면 불을 끈 뒤 물 10g을 붓고 물이 튈 수 있으니 뚜껑을 잠시 덮어 캐러멜시럽을 만든다.

3 완성한 캐러멜시럽을 오븐용 유리컵에 나눠 붓는다.

4 달걀노른자와 설탕을 볼에 넣고 거품기로 푼다.

5 우유, 생크림, 바닐라엑스트렉트를 밀크팬에 넣고 40초~1분 정도 데운다.

6 **5**를 **4**에 천천히 붓고 거품기로 섞은 뒤 체에 거르고 **3**의 유리컵에 나눠 붓는다.

7 우유와 버터를 전자레인지에 넣어 녹인다.

8 달걀과 설탕을 볼에 넣고 가볍게 섞은 뒤 뜨거운 물을 받치고 달걀물의 온도가 40℃가 될 때까지 데운 다음 핸드믹서 고속으로 거품을 낸다. 반죽을 올렸을 때 모양이 바로 꺼지지 않을 정도로 휘핑한다.

9 **8**의 반죽을 $\frac{1}{3}$ 정도 **7**에 넣고 섞은 뒤 나머지를 붓고 스패출러로 섞는다.

10 **9**의 반죽을 **6**의 유리컵에 붓는다.

11 160℃로 예열한 오븐에서 35분 정도 굽는다.

Tip

캐러멜시럽은 걸쭉하지 않게 조절한다

캐러멜시럽을 만들 때 팔팔 끓는 상태에서 불을 끄면 금방 굳어버리기 때문에 설탕물이 갈색을 띠면서 가장자리가 탈 때 불을 끄고 물을 붓는다. 끓는 상태에서 물을 부으면 튈 수 있으니 재빠르게 뚜껑을 닫는다.

달고나와 에스프레소

Dalgona and Espresso

어릴 적 추억이 떠오르는 달고나입니다. 학교 앞에서 항상 지나치지 못하던 달고나를 집에서 만들어보았어요. 국자에 설탕을 넣고 신나게 젓다 보면 설탕이 녹아요. 그때 베이킹소다를 넣고 아주 빠르게 젓습니다. 불 조절이 어려워 국자를 태울 때도 있지만 그 추억까지 재미있는 맛이죠.

◆ **재료** 1인 분량

백설탕 15g+약간(코팅용), 베이킹소다 1g, 에스프레소 2샷

◆ **만드는 법**

1 설탕을 국자에 넣고 중불에 올린 뒤 가장자리가 타기 시작하면 약불로 낮춘다.

2 젓가락으로 설탕을 저으며 천천히 녹인다.

3 설탕이 완전히 녹아서 황색을 띠면 불을 끄고 젓가락 끝에 베이킹소다를 묻혀 넣은 뒤 부풀어 오를 때까지 빠르게 젓는다.

4 트레이에 설탕을 뿌리고 **3**의 달고나를 붓는다.

5 달고나가 굳기 전에 틀을 올려 별 모양 그대로 굳힌다.
*같은 방법으로 먹고 싶은 만큼 만든다.

6 뾰족한 것으로 별 모양대로 자르거나 손으로 테두리를 조금씩 떼어낸다.

7 에스프레소 2샷을 추출한 뒤 달고나와 곁들인다.

Tip

달고나가 50% 정도 굳었을 때 틀로 찍는다

베이킹소다를 넣으면 순식간에 부풀어 오르기 때문에 미리 트레이에 설탕을 뿌려둔다. 달고나 겉이 마르면서 50% 정도 식었을 때 틀을 찍어야 모양이 선명하게 나온다.

오레오 다쿠아즈

Oreo Dacquoise

다쿠아즈는 프랑스 프로방스 지역의 대표적인 머랭 과자로 겉은 바삭하고 속은 폭신한 디저트입니다. 보통 크림을 샌드해서 만들지만 크림을 예쁘게 올리고 오픈해도 독특하죠. 마치 핑거푸드처럼 즐길 수 있어요.

♦ 재료 8cm 7~8개 분량

달걀흰자 120g, 슈거파우더 95g+약간(토핑용), 버터 90g, 아몬드가루 80g, 크림치즈 60g, 설탕 50g, 오레오 부순 것 20g, 오레오 4개

*버터와 크림치즈는 실온에 두고, 달걀흰자는 차갑게 둔다.

♦ 만드는 법

1 달걀흰자를 볼에 넣고 핸드믹서 고속으로 40~50초 정도 휘핑한다.

2 설탕을 넣고 핸드믹서 중속으로 6분 정도 휘핑해 단단한 머랭을 만든다.

3 아몬드가루와 슈거파우더 60g을 체 쳐서 넣은 뒤 가루가 보이지 않고 윤기가 날 때까지 반죽을 11자로 가르듯 섞는다.

4 스패출러로 반죽을 모아 짜주머니에 넣고 다쿠아즈 틀에 짠 뒤 스크래퍼로 윗면을 정리해 빈틈없이 반죽을 채운다.

5 슈거파우더를 체 쳐서 반죽 위에 2번 정도 뿌린 뒤 180℃로 예열한 오븐에서 15분 정도 굽는다.

6 버터를 볼에 넣고 부드럽게 푼 뒤 크림치즈를 넣어 잘 섞는다.

7 슈거파우더 35g과 오레오 부순 것을 넣고 섞은 뒤 짜주머니에 넣는다.

8 구운 다쿠아즈를 트레이에 올리고 7의 크림을 지그재그로 짠 다음 오레오를 반으로 부숴 장식한다.

Tip

크림을 지그재그로 짠다

다쿠아즈 윗면을 덮지 않는 모양이라 크림을 한 방향, 동일한 모양으로 짜면 더 깔끔하다. 크림은 도톰하게 올리고 원하는 토핑으로 장식한다.

브라우니

Brownie

영국에서 유래된 브라우니는 진한 초콜릿 맛을 느낄 수 있는 꾸덕꾸덕한 디저트입니다. 어느 카페에서나 흔히 볼 수 있는 디저트지만 직접 만드는 브라우니는 더 특별하죠. 달콤한 브라우니 위에 아이스크림 1스쿱을 올려 먹으면 스트레스까지 잊게 됩니다.

♦ 재료 16.5cm 정사각형 틀 1개 분량

다크초콜릿 135g, 달걀 102g, 설탕 90g, 버터 72g, 중력분 30g, 꿀 20g, 코코아가루 15g, 소금 2g, 바닐라엑스트랙트 2g, 딸기가루 약간(장식용)

♦ 만드는 법

1 다크초콜릿과 버터를 볼에 넣고 중탕으로 녹인다.

2 다른 볼에 달걀을 풀고 설탕을 넣은 뒤 핸드믹서로 입자가 보이지 않을 정도로 섞는다.

3 꿀, 소금, 바닐라엑스트랙트를 넣고 핸드믹서 고속으로 휘핑한 뒤 **1**의 초콜릿을 넣고 스패출러로 섞는다.

4 중력분과 코코아가루를 체 쳐서 넣고 윤기가 나도록 잘 섞는다.

5 정사각형 틀에 유산지를 깔고 **4**의 반죽을 부은 뒤 180℃로 예열한 오븐에서 16~18분 정도 굽는다.

6 구운 브라우니를 틀에서 분리하고 한 김 식힌 뒤 랩을 씌우고 냉장실에 3시간 이상 둔다.

7 진저맨 쿠키 틀을 따라 유산지에 선을 그리고 반으로 접어서 자른다.

8 브라우니를 먹기 좋게 자른 뒤 유산지를 대고 딸기가루를 뿌린다.

Tip

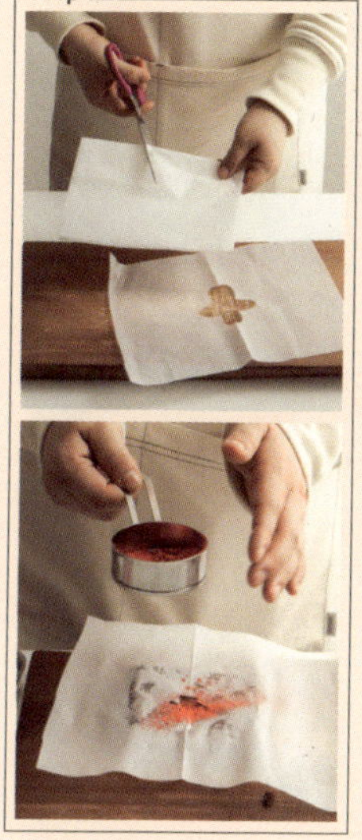

유산지를 활용해 장식한다

밋밋할 수 있는 사각형의 브라우니에 색이 예쁜 딸기가루로 색, 향, 맛을 살려 장식한다. 유산지에 원하는 모양의 쿠키 틀을 대고 밑그림을 그린 뒤 잘라서 활용하면 재미있게 장식할 수 있다.

고구마빵

Sweet Potato Bread

진짜 고구마라고 해도 믿을 정도로 고구마와 꼭 닮은 고구마빵입니다. 맛 또한 고구마와 비슷하죠. 고구마에는 없는 쫄깃함을 더하고 찐 고구마를 앙금으로 넣어 달콤한 맛이 매력적인 빵입니다.

♦ 재료 16cm 8개 분량

호박고구마(중) 3개, 파인소프트T 145g, 물 140g, 버터 50g, 자색고구마가루 50g, 강력분 36g, 파인소프트C 35g, 파인소프트202 31g, 달걀 30g, 카놀라유 25g, 물엿 15g, 소금 6g, 꿀 5g

♦ 만드는 법

1 오븐을 200℃로 예열하고 오븐 팬에 물을 부은 뒤 호박고구마를 올려 40분 정도 익힌다.

2 구운 호박고구마는 껍질을 벗겨서 볼에 담고 꿀을 넣은 뒤 숟가락으로 으깬다.

3 다른 볼에 파인소프트T, 파인소프트C, 파인소프트202를 넣고 강력분, 소금을 체 쳐서 넣은 뒤 잘 섞는다.

4 물, 버터, 달걀, 카놀라유, 물엿을 넣고 스패출러로 섞은 뒤 한덩어리가 되도록 손으로 반죽한다.

5 완성한 반죽을 랩으로 싸고 냉장실에서 1시간 정도 휴지시킨다.

6 반죽을 꺼내 8개를 만든 뒤 둥글게 반죽한다.

7 반죽을 밀대로 납작하게 만들고 **2**의 호박고구마앙금을 8등분해서 넣는다.

8 만두를 빚듯 반으로 접고 이음매를 잘 꼬집은 뒤 자색고구마가루를 꼼꼼하게 묻힌다.

9 반죽 표면을 젓가락으로 찔러 구멍을 낸다.

10 170℃로 예열한 오븐에서 18분 정도 굽는다.

Tip

반달 모양으로 접는다

반죽을 둥글게 만든 뒤 밀대로 납작하게 밀고 호박고구마앙금을 채운다. 호박고구마앙금과 반죽이 너무 질면 손에 달라붙어 모양을 잡기가 어렵다. 앙금을 넣고 반으로 접은 뒤 이음매를 꼼꼼하게 꼬집어준다. 모양을 고구마처럼 만든다.

추로스
Churros

놀이동산에 가면 꼭 사 먹던 추억의 추로스를 만들어보았습니다. 설탕과 시나몬가루를 듬뿍 묻혀 시나몬 향이 기억에 남는 간식이죠. 아이스크림, 초콜릿, 잼, 크림치즈 등 좋아하는 토핑을 올리면 더 행복해집니다.

♦ 재료 10cm 10개 분량

달걀 1개, 물 200g, 중력분 110g, 버터 66g, 설탕 45g+약간(토핑용), 바닐라엑스트렉트 2g, 소금 2g, 바닐라아이스크림 적당량(토핑용), 식용유 적당량, 시나몬가루 약간(토핑용)

♦ 만드는 법

1 물, 버터, 설탕, 소금을 밀크팬에 넣고 약불에서 끓인다.

2 버터가 녹기 시작하면 불을 끄고 중력분을 체 쳐서 넣은 뒤 스패출러로 바닥에서 벽 쪽으로 밀면서 골고루 섞는다.

3 가루가 보이지 않을 정도로 섞고 약불에서 40~50초 정도 익혀 수분을 날린 뒤 5분 정도 식힌다.

4 다른 볼에 달걀과 바닐라엑스트렉트를 넣은 뒤 거품기로 섞는다.

5 **3**의 반죽에 **4**의 달걀을 3번에 나눠 넣고 잘 섞은 뒤 짜주머니에 넣고 상투 깍지를 끼운다.

6 튀김 냄비에 식용유를 붓고 185℃로 가열한 뒤 **5**의 반죽을 원하는 길이만큼 짜고 가위로 자른다.

7 추로스가 갈색을 띠면 건져서 기름망이 있는 트레이에 올려 기름을 뺀다.

8 설탕과 시나몬가루를 섞어서 트레이에 펼친다.

9 기름을 뺀 추로스에 설탕과 시나몬가루를 묻히고 바닐라아이스크림을 곁들인다.

Tip

반죽은 가위로 자른다

기름 온도가 낮을 때 추로스 반죽을 넣으면 기름만 흡수하기 때문에 충분히 예열한 상태에서 반죽을 넣는다. 반죽이 되직해서 저절로 끊어지지 않으니 원하는 모양이나 길이만큼 나왔을 때 가위로 깔끔하게 자른다.

망고초콜릿파르페

Mango Chocolate Parfait

파르페 또한 추억의 디저트죠. 긴 유리컵 안에 크림, 과일, 과자 등 다채로운 내용물을 층층이 담아 달콤함을 맛볼 수 있는 메뉴입니다. 긴 유리컵에 재료를 차곡차곡 담아 화려하고도 달콤한 파르페를 만들어보세요.

♦ 재료 1컵 분량

애플망고 1개, 플레인요거트 140g, 생크림 120g, 설탕 9g, 초콜릿아이스크림 1스쿱, 초코링 약간, 초코볼 약간

♦ 만드는 법

1 생크림과 설탕을 볼에 넣고 핸드믹서로 2~3분 정도 휘핑한다.

2 애플망고는 깍둑썰기 한다.

3 긴 유리컵에 플레인요거트를 넣고 초코링과 초코볼을 넣는다.

4 **1**의 생크림을 짜주머니에 넣고 **3**의 유리컵에 짠다.

5 애플망고, 생크림, 애플망고를 순서대로 유리컵에 넣는다.

6 초콜릿아이스크림을 올린다.

Tip

생크림은 동글동글한 모양으로 짠다

초코링과 초코볼 위에 생크림을 동글동글한 모양으로 짜면 완성되었을 때 더 깔끔해 보인다. 여러 가지 재료가 들어가 뒤죽박죽되지 않으려면 차곡차곡 일정한 모양으로 담는 게 중요하다.

블루베리 크림치즈 붕어빵

Cream Cheese Bungeoppang with Blueberry

붕어빵은 겨울철을 대표하는 길거리 간식이죠. 요즘은 집에서 간편하게 만들 수 있도록 2구나 4구짜리 틀도 나와요. 붕어빵이 먹고 싶을 때 외출하지 않아도 갓 구운 따끈따끈한 붕어빵을 맛볼 수 있어요. 팥앙금 대신 좋아하는 재료를 넣어 색다른 붕어빵에 도전해보세요.

♦ 재료 14cm 6개 분량

달걀 1개, 강력분 100g, 우유 90g, 크림치즈 60g, 설탕 10g, 베이킹파우더 2g, 블루베리잼 약간, 카놀라유 약간(코팅용)

♦ 만드는 법

1 강력분, 설탕, 베이킹파우더를 체 쳐서 볼에 넣고 거품기로 섞는다.

2 달걀과 우유를 넣고 가루가 뭉치지 않도록 거품기로 섞는다.

3 붕어빵 틀을 중불로 예열하고 요리용 붓으로 카놀라유를 골고루 바른다.

4 몸통과 꼬리에 **2**의 반죽을 채우고 크림치즈 10g과 블루베리잼을 올린다.

5 붕어빵 틀에 넘치지 않게 다시 반죽을 붓고 뚜껑을 닫은 뒤 뒤집는다.

6 약불에서 앞면 2분, 뒷면 2분을 굽고 마지막으로 앞면을 2분 정도 더 굽는다.

Tip

붕어빵 반죽은 틀에 넘치지 않도록 붓는다

붕어빵 틀은 뚜껑을 닫으면 반죽이 옆으로 퍼지기 때문에 넘치지 않게 부어야 한다. 살짝 반죽이 넘치면 그 부분은 더 바삭하게 구워져 뜯어 먹는 맛이 있다.

커스터드쿠키샌드
Cookie with Custard Cream

오도독 씹히는 식감과 고소하고 담백한 맛이 재미있는 통밀쿠키입니다. 귀여운 쿠키 틀로 동물 모양이나 캐릭터 모양의 다양한 쿠키를 만들어보세요. 아이들과 함께 만들면 즐거운 추억까지 만들 수 있을 거예요.

♦ 재료 15~16개 분량

쿠키 반죽 통밀가루 120g, 박력분 25g, 버터 73g, 황설탕 30g, 달걀 50g, 베이킹파우더 3g, 소금 1g

커스터드크림 달걀노른자 2개 분량, 우유 200g, 설탕 55g, 옥수수전분 9g, 바닐라엑스트렉트 3g

* 달걀, 버터는 실온에 둔다.

♦ 만드는 법

1 버터를 핸드믹서로 부드럽게 푼다.

2 달걀을 풀어서 3번에 나눠 넣고 골고루 휘핑한다.

3 통밀가루, 박력분, 황설탕, 베이킹파우더, 소금을 체 쳐서 넣고 반죽을 자르듯 섞은 뒤 한 덩어리로 뭉친다.

4 유산지에 반죽을 올리고 유산지를 덮어준 뒤 밀대로 0.5cm 정도 두께로 민다.

5 반죽을 냉장실에서 1시간 정도 휴지시킨다.

6 달걀노른자, 설탕을 볼에 넣고 잘 섞은 뒤 옥수수전분을 넣고 섞는다.

7 우유와 바닐라엑스트렉트을 밀크팬에 넣고 약불에서 1분 정도 끓이다가 가장자리에 거품이 올라오면 불을 끈다.

8 **6**에 **7**의 우유를 조금씩 붓고 거품기로 빠르게 저으며 섞는다.

9 **8**을 밀크팬에 다시 붓고 센불에서 끓이다 우유가 끓어오르면 중불로 낮춰 거품기로 저으면서 농도를 확인한다. 기포가 조금씩 올라오면 빠르게 젓고 되직해지기 전에 불을 끈다.

10 랩을 깐 트레이에 **9**를 붓고 한 김 식힌 뒤 냉장고에서 30분~1시간 정도 식힌다.

11 **5**의 반죽을 꺼내 원하는 모양의 쿠키 틀로 찍는다.

12 160℃로 예열한 오븐에서 **11**의 반죽을 20분 정도 굽는다.

13 구운 쿠키에 **10**의 커스터드크림을 바르고 쿠키로 덮는다.

Tip

쿠키 사이에 커스터드크림을 바른다

그냥 먹어도 좋지만 통밀쿠키는 다소 뻑뻑할 수 있어서 좀 더 부드럽고 달콤하게 먹기 위해 커스터드크림을 바른다. 짜주머니에 담아서 짜면 더 깔끔하다.

식빵쿠키
Bread Shaped Cookie

상상하는 모양을 쿠키로 표현해보세요. 식빵 모양은 쿠키 틀이 없어도 만들 수 있어 더 편하죠. 모양을 잡는 게 어렵지 않아 아이들과 함께 만들기도 좋아요. 파삭파삭한 식감의 달콤한 쿠키를 만들어보세요.

♦ 재료 10개 분량

달걀 1개, 박력분 180g, 버터 128g, 슈거파우더 70g, 아몬드가루 30g, 코코아가루 9g, 바닐라엑스트렉트 3g

*버터와 달걀은 실온에 둔다.

♦ 만드는 법

1. 버터를 볼에 넣고 부드럽게 푼 뒤 슈거파우더를 체 쳐서 2번에 나눠 넣고 잘 섞는다.
2. 달걀과 바닐라엑스트렉트를 넣고 섞는다.
3. 박력분과 아몬드가루를 체 쳐서 넣고 잘 섞은 뒤 반죽을 140g과 40g으로 나눈다.
4. 반죽 40g에 코코아가루를 넣고 한덩어리로 뭉친다.
5. 랩 위에 반죽 2개를 올리고 막대 모양으로 만든 뒤 랩을 말아 냉장실에서 30분 정도 휴지시킨다.
6. 40g짜리 초콜릿 반죽을 얇게 민다.
7. 140g짜리 기본 반죽을 사각형으로 다듬고 칼로 윗부분의 옆면을 살짝 깎는다.
8. 초콜릿 반죽 가운데 기본 반죽을 놓고 초콜릿 반죽으로 감싼 뒤 냉장실에서 1시간 정도 휴지시킨다.
9. 쿠키 반죽을 꺼내 1cm 정도 두께로 자르고 오븐 팬에 올린다.
10. 175℃로 예열한 오븐에서 15~17분 정도 굽는다.

Tip

쿠키 반죽을 일정한 두께와 크기로 자른다

쿠키 반죽은 냉장실에서 충분히 휴지시키고 단단한 상태에서 자른다. 균일하게 색을 내기 위해 두께와 크기가 일정해야 한다.

크로플
Croiffle

버터가 겹겹이 쌓여 있는 크루아상 반죽을 와플 팬에 넣고 누르면 겉은 바삭하고 속은 쫄깃한 특별한 디저트가 됩니다. 요즘 무척 인기 있는 디저트죠. 취향에 따라 마스카르포네와 꿀, 피칸을 토핑하면 더 맛있어요.

♦ 재료 2개 분량

크루아상(냉동 반죽) 70g 2개, 마스카르포네 30g, 꿀 15g, 피칸 2개, 시나몬가루 약간, 버터 약간(코팅용, 생략 가능)

♦ 만드는 법

1 크루아상은 사용하기 20분 전에 꺼내서 해동한다.

2 와플 팬을 중불로 예열한 뒤 크루아상 반죽을 넣고 앞뒤로 1분 30초씩 굽는다. 반죽에 버터가 들어가 있기 때문에 버터를 바르지 않아도 잘 떨어지지만 더 바삭하게 굽고 싶다면 버터를 바른다.

3 구운 크로플을 그릇에 담고 마스카르포네를 올린다.

4 피칸을 칼로 다져서 마스카르포네 위에 뿌린다.

5 꿀과 시나몬가루를 뿌려 마무리한다.

Tip

마스카르포네는 럭비공 모양을 만든다

마스카르포네를 숟가락에 가득 채워서 뜨고 숟가락 2개로 번갈아 다듬으며 양끝을 뾰족하게 만든다. 크로플 위에 올릴 때는 모양이 흐트러지지 않게 숟가락 바닥으로 밀어내듯 놓으면 모양을 유지할 수 있다.

트리플리에주와플

Triple Liège Waffle

둥근 모양의 반죽을 와플 팬에 넣어 누르면 선명하게 자국이 남는 벨기에식 와플이 됩니다. 처음 베이킹을 시작할 때는 과정이 어렵지 않고 짧은 시간에 만들 수 있는 디저트를 주로 만들었는데 이 리에주와플이 첫 성공이었어요. 기본 와플뿐 아니라 말차와플과 초콜릿와플을 함께 즐겨보세요.

♦ 재료 3개 분량

달걀 1개, 강력분 200g, 우유 140g, 박력분 84g, 버터 92g, 설탕 28g, 우박설탕 15g, 말차가루 10g, 코코아가루 10g, 드라이이스트(고당용)5g, 소금 3g, 카놀라유 약간

♦ 만드는 법

1 강력분과 박력분을 체 쳐서 볼에 넣고 잘 섞는다.

2 홈을 3개 파서 각각 드라이이스트와 소금을 닿지 않게 넣고 설탕을 넣은 뒤 잘 섞는다.

3 달걀과 우유를 넣고 10분 정도 반죽을 뭉친 뒤 표면이 어느 정도 매끈해지면 버터를 넣고 반죽한다.

4 반죽을 3등분하고 1개에는 말차가루, 1개에는 코코아가루를 넣은 뒤 다시 매끈하게 만들고 젖은 면포를 덮고 60분 정도 1차 발효한다.

5 발효를 끝낸 반죽은 가스에서 빼고 3개로 분할한다.

6 반죽에 랩을 덮고 15분 정도 실온에서 2차 발효한다.

7 와플 팬을 예열하고 요리용 붓으로 사이사이에 카놀라유를 바른다.

8 와플 팬에 플레인 반죽, 초콜릿 반죽, 말차 반죽을 나란히 올린다.

9 우박설탕 5g을 뿌린다.

10 뚜껑을 닫고 2분 30초~3분 정도 구운 뒤 나머지 와플 반죽도 같은 방법으로 굽는다.

Tip

우박설탕으로 식감과 단맛을 살린다

와플을 구울 때 반죽 위에 우박설탕을 조금 올리면 단맛이 더해져 따로 시럽이 없어도 된다. 완전히 녹는 작은 입자가 아니어서 와플을 먹을 때 씹는 식감도 재미있다.

브라운치즈와플

Brown Cheese Waffle

요즘 인기 있는 재료인 브라운치즈를 활용한 디저트입니다. 브라운치즈는 노르웨이에서 '브루노스트Brunost'라고 부르는 갈색 치즈입니다. 진한 캐러멜 맛이라 얇게 슬라이스해서 빵 위에 얹어 먹어도 되고 치즈 그레이터로 갈아서 먹어도 좋아요.

♦ 재료 14cm 3개 분량

달걀 1개, 박력분 200g, 우유 160g, 설탕 75g, 포도씨유 48g, 베이킹파우더 7g, 소금 2g, 바닐라엑스트렉트 2g, 브라운치즈 적당량(토핑용), 카놀라유 약간(코팅용)

♦ 만드는 법

1 그릇에 우유와 포도씨유를 붓고 전자레인지에서 40~50초 정도 데운다.

2 박력분, 설탕, 베이킹파우더, 소금을 체 쳐서 볼에 넣고 골고루 섞는다.

3 **1**의 우유를 **2**에 넣고 섞는다.

4 달걀을 넣고 반죽을 부드럽게 푼 뒤 바닐라엑스트렉트를 넣고 섞는다.

5 뭉친 반죽이 없도록 체에 한번 거른다.

6 와플 팬에 카놀라유를 바르고 중불로 예열한 뒤 **5**의 와플 반죽을 붓고 앞면은 1분 30초 정도, 뒷면은 2분 30초 정도 굽는다.

7 구운 와플을 그릇에 담고 브라운치즈를 치즈 그레이터로 갈아서 와플 위에 올린다.

Tip

와플에 온기가 남아 있을 때 브라운치즈를 올린다

와플에 온기가 남아 있을 때 브라운치즈를 올리면 살짝 녹아서 진득한 식감을 느낄 수 있다. 캐러멜을 먹는 듯 혀 끝에서 느껴지는 단맛과 짠맛이 무척 조화롭다. 냉동한 치즈를 갈면 가루처럼 흩날리니 냉장 보관한 치즈를 사용한다.

초콜릿마들렌

Chocolate Madeleine

빵을 그다지 좋아하지 않아도 커피를 마실 때는 구움 과자가 생각납니다. 포슬포슬하면서도 진득한 마들렌은 커피와 참 잘 어울려요. 맛있게 부풀어 오른 마들렌에 초콜릿을 뿌리면 풍부한 단맛까지 함께 즐길 수 있어요.

♦ 재료 14개 분량

달걀 110g, 설탕 110g, 박력분 110g, 버터 110g, 청크초콜릿칩 30~40g, 꿀 15g, 코코아가루 12g, 베이킹파우더 4g, 다크초콜릿 30g(장식용)

*달걀은 실온에 둔다.

♦ 만드는 법

1 달걀을 볼에 넣고 거품기로 푼 뒤 설탕을 넣고 잘 섞는다.

2 박력분, 코코아가루, 베이킹파우더를 체 쳐서 넣고 꿀을 넣은 뒤 섞는다.

3 버터를 녹여서 넣고 스패출러로 잘 섞는다.

4 완성한 반죽에 랩을 씌우고 냉장실에서 1~2시간 정도 휴지시킨다.

5 휴지가 끝난 반죽을 짜주머니에 담고 마들렌 틀에 80% 정도 채운 뒤 군데군데 청크초콜릿칩을 올린다.

6 180℃로 예열한 오븐에서 13분 정도 구운 뒤 마들렌 틀을 바닥에 한번 쳐서 마들렌을 비스듬히 세워 한 김 식힌다.

7 다크초콜릿을 중탕으로 녹인다.

8 짜주머니에 깍지를 끼우고 7의 다크초콜릿을 넣는다.

9 식은 마들렌을 트레이에 올리고 8의 다크초콜릿을 지그재그로 짠다.

Tip

다크초콜릿은 지그재그로 짠다

다크초콜릿을 짜주머니에 넣고 지그재그로 짜면 초콜릿이 실처럼 얽혀 있는 느낌을 줄 수 있다. 전체적으로 코팅할 때보다 식감이 더 좋고 과하지 않아서 적당한 단맛을 느낄 수 있다.

팥버터스콘
Red Beans and Butter Scone

플레인스콘에 팥앙금과 버터를 넣은 디저트입니다. 큼직하게 자른 풍미 좋은 버터와 달콤한 팥의 조합이 조금 어색할 수 있지만 우유와 함께 먹으면 이해가 되는 맛입니다. 묵직한 만큼 든든한 디저트죠.

♦ 재료 6개 분량

달걀 1개, 박력분 200g, 우유 90g, 버터 50g, 설탕 30g, 달걀노른자 10g, 베이킹파우더 4g, 소금 3g

토핑

팥앙금 180g, 버터 120g

* 달걀, 우유, 버터는 차갑게 둔다.

♦ 만드는 법

1 박력분, 설탕, 베이킹파우더, 소금을 체 쳐서 볼에 넣고 스패출러로 섞는다.

2 버터를 넣고 스크래퍼로 잘게 다지듯 섞는다.

3 달걀과 우유 80g을 풀어서 넣고 잘 섞은 뒤 반죽을 한덩어리로 뭉친다.

4 반죽을 비닐 팩에 넣고 냉장실에서 1시간 정도 휴지시킨다.

5 반죽을 꺼내 6등분한다.

6 달걀노른자와 우유 10g을 볼에 넣고 섞는다.

7 **5**의 반죽을 오븐 팬에 올리고 **6**의 달걀물을 바른다.

8 200℃로 예열한 오븐에서 18분 정도 굽고 식힘망에 올려 식힌다.

9 팥앙금은 30g씩 나누고 버터는 20g씩 나눈다.

10 완전히 식은 스콘을 반으로 자르고 사이에 팥앙금과 버터를 끼운다.

Tip

고메버터를 사용한다

고메버터는 일반 버터보다 산도와 풍미가 강해 팥앙금과 더 잘 어울린다. 겨울철에는 자르기 20~30분 전에 냉장고에서 꺼내고 여름에는 바로 부드러워지니 자르기 직전에 꺼낸다.

오픈, 홈카페

초판 1쇄 인쇄 2021년 3월 29일
초판 1쇄 발행 2021년 4월 9일

지은이 솜솜이(박성미)
편집인 김옥현

사진 한정수(studio etc.)
디자인 이보람
마케팅 정민호 박보람 김수현
홍보 김희숙 김상만 함유지 김현지 이소정 이미희 박지원
저작권 한문숙 김지영 이영은
제작 강신은 김동욱 임현식
제작처 한영문화사

펴낸곳 (주)문학동네
펴낸이 염현숙
출판등록 1993년 10월 22일 제406-2003-000045호
임프린트 테이스트북스 taste BOOKS

주소 10881 경기도 파주시 회동길 210
문의전화 031)955-8895(마케팅), 031)955-2693(편집)
팩스 031)955-8855
전자우편 selina@munhak.com

ISBN 978-89-546-7837-7 13590

www.munhak.com